मंदोदरी

मंदोदरी

कल्पना वाते

GenNext Publication

मंदोदरी

- लेखक
  कल्पना विजय वाते
  c/o सौ. श्रद्धा काशिकर
  J-403 मॉर्बल जफॉयर, खराडी
  पुणे, महाराष्ट्र
  भ्रमणध्वनि : 09663376845

- **प्रथमावृत्ती :** सितंबर 2022

- **मूल्य :** रु. 150/-

ISBN: 978-93-5324-624-2

"An Imprint of Kalpaz Publication"

भारत सन् 2022 में प्रकाशित

जेन्नेकस्ट पब्लिकेशन

5, अंसारी रोड, दरियागंज,
नई दिल्ली-110002
Phone : 9811692060

ई-मेल: gennextpublication@hotmail.com

मुद्रित: ज्ञान प्रेस, दिल्ली

* समर्पण *

मेरी बेटी सौ. श्रद्धा और दामाद श्री. मनीष काशिकर
के लिए समर्पित !

* शुभेच्छा *

भारतीय सांस्कृतिक परम्परा में रामायण और महाभारत अनमोल और गौरवपूर्ण ग्रंथ है । इन ग्रंथों में जिन महान पौराणिक पात्रों के आधार पर कथा, धर्म, दर्शन की अभिव्यक्ति हुई है। वे न केवल इन ग्रंथों के पात्र हैं अपितु इन से बाहर भी भारतीय चिंतन और परम्परा, संस्कृति और सभ्यता के निर्माता हैं।

'मंदोदरी' रावण जैसे खलनायक की नायिका के मन की कथा व्यथा है।

दशानन ने इस बार नैतिकता की वो सीमा तोड़ी थी जो कि राक्षस धर्म में भी स्वीकृत नही । इस वजह से घोर विरोध दर्शाते हुए मंदोदरी ने भरी सभा में, रावण से कहा वो राज्य पलटने की क्षमता रखने वाली ज्वालामुखी से निकलती ज्वाला के समान धधक रही है ।

एक हृदयस्पर्शी कहानी.... ।

हमें विश्वास है कि आस्था और विश्वास के प्रतिक इन चरित्रों का पठन-पाठन हमारे जीवन को प्रेरणा देगा और हम आंतरिक रूप से समृद्ध होकर एक सूत्र में बंधेगे ।

सौ. कल्पना वाते की 'मंदोदरी' यह किताब अत्यन्त संक्षिप्त रूप में, सरल भाषा में अपनी प्राचीन संस्कृति के महान पुरुषों और नारियों की चरित्र-गाथा प्रस्तुत करती है ।

शुभ आशीर्वाद ।

डॉ. कृ. पं. देशपांडे

* निवेदन *

महारानी मंदोदरी, मेरे मन में कई वर्षों से या यूँ कहे कि जब से समझ आया कि दशहरा और रावण का संबंध है; तब से ही मस्तिष्क में जब कभी रामायण, रावण, राम का उल्लेख होता तो लगता इस खलनायक की पत्नी को मंदोदरी बनना तथा मंदोदरी को प्रातः स्मरणीय चिर कन्याओं में स्थान देकर क्यों गौरवान्वित किया गया। उसका निश्चित महत्त्व होना, संस्कृति संवर्धन की दृष्टि से सुस्पष्ट हो रहा है। तब सोचा इसे कागज पर उतार ही दिया जाये! बस, तभी रावण की पत्नी मंदोदरी जो कि खलनायक की नायिका को कथानक के रूप में प्रस्तुत किया है, यहाँ रावण को अत्याचारी अन्यायी, अनीति, कामुक प्रतिक के रूप में प्रस्तुत किया है। साथ ही अन्यायों का यक्षसंस्कृति तथा राक्षसधर्म के संस्थापक रूप में भी प्रस्तुत किया है।

मंदोदरी को सत्य, सदाचारी, सत्विचारी, नैतिक रूप में प्रस्तुत किया है।

यहाँ मानव को कभी इच्छा से तो कभी अनिच्छा से परिस्थितियों के सामने आना पड़ता है और जीना पडता है। इसी मानस शास्त्र को नियति कहते हैं। उसी को सहज, सरल, सुबोध रूप से लिखने का प्रयास किया है।

रामकथा मूलतः वाल्मीकि रामायण है। उसमें मंदोदरी का उल्लेख नगण्य-सा है। उसके 92 वें खण्ड में मंदोदरी का विवाह, उसके माता पिता जो कि दिति के पुत्र मयदानव, हेमा अप्सरा का उल्लेख है। इतने उल्लेख से ज्यादा कुछ नहीं है।

दूसरा उल्लेख 999 वर्ग में युद्ध कांड में, मंदोदरी का विलाप है। तुलसी रामायण में भी चारपाँच प्रसंगों में मंदोदरी की उपस्थिति है। उससे भी उसका व्यक्तित्व सामने नहीं आता है। जबकि मंदोदरी हमारे मस्तिष्क में अहिल्या, सीता, द्रौपदी, तारा के साथ स्थान प्राप्त करके गौरवान्वित होती है। उसके पश्चात मंदोदरी के जीवन में मुख्य रूप से मंदोदरी-रावण का

चित्र आता है, जो मंदोदरी के आंतरिक संघर्ष को स्पष्ट करने लगता है। मंदोदरी से जुड़ते है, सहभागी होते हैं। वे हैं कैकसी, विभीषण, सरमा, सुलोचना, मेघनाथ, शूर्पणखा। उन सभी पर उसके चरित्र की छाप पड़ती है।

सुसंस्कारित मंदोदरी

शौर्य पराक्रम पर प्रेम करने वाली मंदोदरी रावण की पत्नी है। दूसरी तरफ उसके 6 दर्शन और 4 वेदों के ज्ञानी को 'दशानन' कहकर उसकी विद्वता से प्रभावित होती है। वही वह उसके अत्याचारों पर विरोध प्रकट करके उसे पूर्ण रूप से पाप का प्रायश्चित कराने वाली है। समय पर उसे रोकने, टोकने का प्रयास करने का प्रयास भी करती है।

सीता हरण करके रावण उसे लंका लाता है। उसके खिलाफ विद्रोह की धमकी देने वाली होने के साथ राम रावण युद्ध के समय रावण के सम्मुख, उसे शूरवीर की तरह मृत्यु स्वीकारने के साथ, प्रायश्चित कराने का तथा अत्याचारों से मुक्त होकर मुक्ति पाने का मार्ग दिखलाती है। स्वतः वैधव्य स्वीकारने वाली है। अन्तरग में पुत्र वियोगिनी और पति के वियोग होने पर दुःखी, विरह की कल्पना से एकांगी होने पर भी फिर से लंका के प्रति नवचेतना की स्थापना का भी ख्याल करती है।

महारानी मंदोदरी जहाँ लंकेश्वरी है वही उसका व्यक्तित्व इन्द्रजीत जैसे गौरवशाली पुत्र की माता, त्रिभुवन विजेता रावण की पत्नी होना हैं। मंदोदरी प्रतिकूल परिस्थिति की वैभवशालिनी महारानी है।

इसलिये ही उसे उस समय पौराणिक सन्दर्भ में पाँच वीर कन्याओं में उचित स्थान दिया गया है और जो कि श्रेष्ठता के साथ न्यायशील भी लगता है।

मंदोदरी का उल्लेख अन्य कथाकारों की रचनाओं से अलग किया गया है। इसमे आधार स्वरूप द्विपद रामायण (तेलगु) आनंद रामायण, भावार्थ रामायण रामकथा की उत्पत्ति और विकास के पृष्ठ क्र. 573 से 575 तथा पृष्ठ क्र. 366 से 369 की घटनाओं को कथा स्वरूप काल्पनिक रूप में

चित्रित किया है। इसके अलावा टी.व्ही. व अन्य मराठी लेखकों की पुस्तकों को पढ़कर भी उसमे से कुछ प्रयोग हिन्दी में किये है। खासकर डॉ. कृ.प. देशपांडे जी द्वारा लिखी पुस्तक पढ़कर ही मुझे मंदोदरी को हिन्दी में प्रस्तुत करने का प्रयास करने का विचार आया। इसे सहज, सरल शब्दों में सामान्य जनमानस के हृदय को छूने का प्रयास है।

इसमे त्रुटियाँ होगी ही क्योंकि ये प्रथम प्रयास है। त्रुटि मनुष्य से होती ही है। उस भय से ना लिखना भी एक अपराध लगता है। त्रुटि को क्षमा करना, अनदेखा करना भी मानव मन की सहृदयता होगी। इसी श्रद्धा, विश्वास के साथ मंदोदरी को प्रस्तुत कर रही हूँ। एक बार पठनीय होगी इसी उम्मीद से निवेदन है।

सौ. कल्पना वाते

मंदोदरी

मंदोदरी रावण के लंका से बाहर जाने के पश्चात बहुत उदास, खिन्न, एकाकी महल की ऊपरी अट्टालिका पर घूमती रहती थी तो कभी अपने महल के शिवालय में शिव आराधना में समय व्यतीत करती रहती थी।

पर आज अचानक वो अपने शृंगार कक्ष में पहुँची। कई महीनों बाद उसको स्वतः से अनजान प्रसन्नता महसूस हो रही थी। वह दर्पण के सामने खड़े होकर, अपने सौन्दर्य को निहारती स्वतः पर ही मुग्ध होकर कुछ गुनगुनाते हुए, तैयार हो रही थी।

आज उसने एक महारानी की तरह अलंकारों, वस्त्रों से स्वतः को तैयार किया, फिर दर्पण में देखकर उसे अपने शृंगार में पुष्पों की खासकर मोगरे के गजरों की कमी महसूस हुई।

तभी उसे लगा दशानन तो महीनों से लंका के बाहर गया है। पुष्प नहीं है, तो ठीक ही है। उसके लंबे घने बालो में गजरा न लगाना ही, ठीक है। इन्ही विचारों में वह अपने कक्ष की खिड़की से बाहर अथाह नीले जल सागर को देख रही थी।

सूर्यास्त का समय था। सूर्य का लाल सिंदुरी, बड़ा गोला समुद्र में पहाड़ियों से फिसलता हुआ समुद्र में जा रहा था। तभी कुछ समय ठहरकर मानो समुद्र और पहाड़ियों से खेलते हुए फिसल रहा था।

उसका लाल सिंदुरी रंग नीले आसमान और नीले समुद्र जल पर इस तरह बिखर रहा था मानो नियति का काव्य विलास ही हो। मंदोदरी सोच रही थी देखो सूर्योदय और सूर्यास्त दोनों ही सुन्दर, सुनहरे लगते है पर सूर्योदय को सदा नमस्कार किया जाता है। सूर्यास्त को देखना भी अनुचित माना जाता है, पर आज का सूर्यास्त उसे कुछ अलग ही सुन्दर लग रहा

था।

उसी समय, दासी ने आकर कहाँ, "महारानी देवी।"

"पर उस ओर उसका ध्यान ही न जाने पर, दासी ने थोड़े ऊँचे स्वर में कहा,"

"महारानी लंकेश्वरी"

तभी उस दासी ने कहा, "लंका नरेश, लौट आये है। आपको तुरंत याद किया है।"

मंदोदरी बोली, "अरे वाह, स्वामी आ गये? पता ही नहीं चला।"

मंदोदरी अब समझ रही थी क्यों आज उसे अचानक तैयार होने का मन हुआ। वो जल्दी-जल्दी अपने महल से लंकापति के महल में पहुँची। पति के आगमन से उसके चेहरे पर एक सात्विक प्रसन्नता थी।

वह सोच रही थी दशानन अपने पाप का परिमार्जन करके, तपश्चर्या से पापक्षरण करके आया है।

मंदोदरी ने प्रसन्नता से पूछा, "स्वामी कैसे है आप?"

"उत्तम।"

मुस्कुराकर दशानन ने कहा, "देखो मंदोदरी तुम्हारे लिए कुछ लाया हूँ।"

"मेरे लिए।"

"हाँ तुम्हारे लिए। उपहार है।"

"अरे वाह, आज वर्षों बाद, मेरे लिए उपहार, स्वामी।"

कहकर वह प्रसन्न, खुश होकर दशानन के नजदीक पहुंची।

बोली, "स्वामी इस बार आपको मेरी याद कैसे रही।"

"अरे, मंदोदरी तू मेरी अर्धांगिनी है। मेरी पत्नी, लंकेश्वरी, महारानी है। फिर तू मुझे मेरे हर कार्य पर प्रतिक्रिया देने वाली है। मेरे कर्मो पर लगाम लगाने वाली तुझे भुलना.....।"

"स्वामी, क्यों इस तरह मुझे लज्जित कर रहे है।"

तब दशानन ने मुस्कुराकर उसे एक सुंदर-सी मोगरे और गुलाब के पुष्पों की टोकरी दी। वह प्रसन्नता से खुश हो रही थी।

''मंदोदरी, तू इस तरह खुश है की तुझे देखकर मैं भी बहुत प्रसन्न हो रहा हूँ।'' कहकर उस टोकरी को उसके हाथों से लेकर एक तिपाही पर रखी और प्रेम से उसमें से कुछ पुष्प अपनी अंजुली में भरकर, मंदोदरी के ऊपर डाले। वह प्रसन्न, अतिप्रसन्न थी।

रावण उसके माधुर्य भावों को देखकर प्रसन्न हो रहा था। मधुरता से प्रसन्न होकर शरारती स्वर में कह रहा था।

''मंदोदरी मैं ने बहुत से पाप किए, अत्याचार किए उसके पापक्षरण करने के लिए परिमार्जन तो करना ही पड़ेगा ना? वह भी करके आया हूँ। इसलिये तुझे बुलवाया।''

इतना कहकर उसने बहुत-से फूल मंदोदरी पर डाले। मानसपुत्री वेदवती के साथ जो अपराध दशानन द्वारा घटित हुआ, उसके पश्चात रावण दीर्घकाल तक लंका से बाहर था। लंका से जाते समय उसका चेहरा पश्चाताप से मुरझाया सा लग रहा था ऐसा मंदोदरी को लगा था। तपश्चर्या करके पापक्षरण करके वह आया है।

इसलिए ही दशानन ने उसे बुलवाया है और सात्विक, धार्मिक वृत्ति की पत्नी को प्रसन्न कर रहा है। इस विचार से मंदोदरी प्रसन्न हो रही थी। फूलों की खुशबू वातावरण को सुंगधित बना रही थी।

तभी दशानन ने कहा, ''फूलों की टोकरी में तुम्हारे लिए बहुत मूल्यवान रत्न भी रखे है। वैसे रत्न और किसी के पास हो ही नहीं सकते।''

मंदोदरी ने फूलों की टोकरी में झांककर देखा, तो वो स्तब्ध, अवाक, सुन्न हो गई। उस टोकरी में दिखाई दी सुंदर सी नवजात कन्या, जो संतप्त, किन्तु कृद्ध स्वर में बोली, ''मंदोदरी तू कितनी भोली है। तेरा स्वामी तेरा पति, ना तो तपश्चर्या करने आया है। ना ही पापक्षरण करके आया है। ना ही पश्चातापी है। तुने यह सोचा भी कैसे? तुने यह माना भी कैसे? तू ध्यान से सुन, एक व्यसनाधीन मनुष्य अपना व्यसन मरने तक नहीं छोड़ता है।

फिर तेरा यह पति परस्त्री गमन कभी छोड़ ही नहीं सकता। यह व्यसन, साथ में मदिरा का नशा। ये दोनों व्यसन शरीर में रक्त संचरण की तरह दौड़ते हैं, और, एक बात मेरा इस तरह यहां वापस आना ये इसके कुल के सर्वनाश का और लंका के नाश का कारण बनेगा। मैं ही इसके नाश का कारण बनूंगी।''

मंदोदरी सहमी हुई। उस फूल की टोकरी पर नजर गड़ाए देख रही थी। वहाँ एक तेजस्वी बालस्वरूप के नेत्र क्रोध से लाल होकर प्रज्वलित थे। जो उसे चेतावनी दे रहे थे।

दशानन भी आश्चर्य से उस टोकरी को देख रहा था। उसने स्वतः अपने हाथों से टोकरी में रत्न रखे थे। उन पर सुगंधित मोगरे और गुलाब के फूल, जो की मंदोदरी को बहुत प्रिय थे रखे थे, ताकि वो मंदोदरी को प्रसन्न कर सके।

वह दिङ्मूढित-सा असमंजस से ये देख रहा था इतना बलशाली, दसों राज्य जीतने वाला तीनों लोकों पर विजय पाने वाला, पर नियति के इस चमत्कार से हतप्रभ होकर अचंभित था।

दशानन ने सच ही अपनी मानस कन्या के जलने पर, उसकी भस्म को जल में प्रवाहित किया तथा उसमे से प्राप्त हुए मूल्यवान रत्नों को लाकर टोकरी में रखा था। तभी मंदोदरी के शब्द बाणों की तरह चुभ रहे थे।

''यही है, तुम्हारा पापक्षरण, तपश्चर्या, पश्चाताप। मैं तो समझ रही थी। तुम इतने समय लंका से बाहर तपश्चर्या करके, अपने में सुधार करके लौटे होगे। पर नहीं। तुम तो वहीं के वहीं हो। तुम में सुधार नहीं होगा, तुम वहीं रहोगें। देखो ये हमारी मानस पुत्री ही है।''

यह सुनते ही दशानन का चेहरा क्रोध से तन गया, हाथ अपनी तलवार पर पहुँच गया। मानस पुत्री शब्द सुनते ही उसकी चर्या बदल गई। वह तलवार से उस कन्या को मारने ही वाला था।

मंदोदरी चिल्लायी, ''खबरदार ! अब उस कन्या पर वार मत करना अब उसके साथ विष्णु है।''

इतना कहकर वो तेजी से अपने महल में चली गई। वहाँ अपने कक्ष के वराण्डे में लगे हिडोले पर बैठ गई। उसके झूलने से उसका मन भी झूल रहा था। उसके मस्तिष्क में विचारों का शोर मच रहा था। उसकी आँखों के सामने से फूलों की टोकरी फूल, वह बालकन्या का तीव्र चेतावनी भरा स्वर, बार-बार कानों में गुंज रहा था। इन्ही विचारों के साथ वह हिडौले पर डोलते हुए अपने भूतकाल में पहुंच गई।

उसे याद आ रही थी अपनी पिता मयदानव और अप्सरा माता हेमा की और अपने बचपन की। उसकी माता हेमा अपूर्व सुंदरी और पिता वास्तुकार की और अपने माता के बिना घर के सुनेपन की।

उस दिन पिताजी घर में थे। वह अपनी सखियों के साथ, सावन के महीने में झूले बंधे होने से वृक्ष के बंधे झूले पर झूल रही थी। सभी सखियों के साथ खेलने, झूलने में तल्लीन थी। तभी कोई अपरिचित व्यक्ति आते दिखा।

उसकी सखी ने कहा, ''मंदोदरी कोई आ रहा है।''

''आने दो।''

उसके नजदीक आते ही मंदोदरी ने पूछा, ''आप कौन है? किससे मिलना है?''

''तुम्हारी माता हेमा से।''

मैं ने माँ को वही से आवाज दी- ''माँ कोई आया है। तुमसे मिलना चाहता है।''

माँ ने बाहर आकर देखा- उस आगंतुक से कहा, ''आप ! आईये, भीतर आईए।''

मैं भी बालसुलभ उत्सुकता से आगंतुक के साथ भीतर चली गयी।

उस आगंतुक ने कहा, ''तुम्हें देवेन्द्र ने त्वरित बुलवाया है। जल्दी ही आ जाना।''

''ठीक है।'' माँ ने कहा।

मैने कहा, ''माँ मैं भी तुम्हारे साथ चलूँगी।''

माँ, ने कहा, ''नहीं बेटी। वहाँ बच्चे नहीं जाते।''

''क्यों नहीं जाते।''

माँ ने कहा, ''तुम बड़ी होगी तब समझोगी।''

माँ ने कहा, ''जाओ, तुम्हारी सहेलियाँ तुम्हारा इंतजार कर रही है। उनके साथ खेलो।''

मैं भी बाहर आकर खेलने में व्यस्त हो गई। दो चार दिनों के बाद एक दिन माता हेमा इन्द्रलोक चली गयी। बड़ी होने पर मुझे अपनी माता के बारे में पता चला कि हेमा ये इन्द्रलोक की अप्सरा देवेन्द्र इन्द्र के कहने पर मेरे पिता मयासुर की सेवा में भेजी गयी थी। क्यों कि मेरे पिता के एक भाई की मृत्यु इन्द्र के हाथों से हुई थी। उस दुश्मनी (रंजीश) को समाप्त करने के लिए इन्द्र ने ब्राह्मण का रूप धर कर मयासुर से दोस्ती का दान माँगा था। तब मेरे पिता ने वचनबद्ध होकर कहाँ, ''ब्राह्मण को मैं दोस्ती का वचन देता हूँ और अपना वचन कभी भूलता भी नहीं हूँ।''

तभी इन्द्र ने अपना असली रूप प्रगट कर, अपनी मंशा प्रगट की।

पिताजी ने तब भी यही कहा, ''ब्राह्मण वेश में माँगने पर, मैं तुम्हें दोस्ती का वचन दे चुका हूँ अब तुम निश्चिन्त हो जाओ। तभी इन्द्र ने हेमा को 'मय' के पास भेजा था। मय और हेमा ने कुछ समय साथ रह कर गान्धर्व विवाह कर लिया। उन दोनों के चार बच्चे हुए, हेमा, बड़ी बहन माया और दो भाई दुदुंभी और मायावी का जन्म हुआ । और मेरा नाम पहले मदुरा रखा फिर विवाह के उपरान्त मदुरा से मंदोदरी कर दिया।

फिर चलचित्र की तरह मंदोदरी को याद आ रहा था, वरूण के दूतों का आना। वह काकेशाम पर्वत के उरपुर क्षेत्र के रहने वाले थे। वो स्थान पृथ्वी पर सबसे सुंदर स्थान है। वहाँ बर्फ आच्छादित पर्वत तथा अनेक रंगो के पुष्पों से सजी घाटियाँ, केशर के सुगंध के पुष्पों के उपवन वगैरह भी है।

वहाँ का हवामान स्त्रियों के स्वरूप को स्वस्थ सुंदर बनाए रखता है। स्त्रियों को चिर-यौवन प्रदान करने वाला है। इस तरह माता का विरह बचपन से आज तक मंदोदरी को दुःखी करता है। इस तरह कब वह बड़ी

हुई, उसे पता ही नहीं चला और आज लंका की महारानी लंकेश्वरी बनी।

आज उसे माता की कमी कुछ ज्यादा ही खल रही थी। अब उसे याद आ रही थी, अपनी सासू माँ कैकसी की। उनकी यादों में आज माता कैकसी का स्थान कहने को लंका की राजमाता का था पर उनका जीवन बीत रहा था, ऋषि विश्रवा के आश्रम में। उनकी सेवा में पहले वह सेविका बनी फिर पत्नी, उन्होने स्वतः ही बताया था, कि कैसे वे अपने पिता सुमाली के कहने पर नासमझी से कम आयु की होने पर राक्षस कुल को फिर से स्थापित करने के लिए पुलस्त्य ऋषि के पुत्र विश्रवा के पास गई और उसने पुत्र निवेदन की कामना की।

कैकसी के पिता सुमाली ने उन्हें समझाया था। पुत्री, यदि विश्रवा से तुम्हें पुत्र होगे तो हम लंका का राज्य प्राप्त कर लेंगे और खोया राज्य प्राप्त करके राक्षस राज्य की स्थापना कर लेंगे। सुमाली ने बतलाया था कि वह ही पहले लंका के राजा थे। विष्णु ने उनके साथ युद्ध करके देवों की सहायता से युद्ध जीत लिया था। फिर कुबेर को वहाँ का राजा बना दिया था ये सब सुनकर मैं ने अपने पिता की बातों को स्वीकृति देकर, पिता की सहायता के विचार से विश्रवा के आश्रम में जाकर मधुरवाणी में, नम्र निवेदन करके पुत्र याचना की थी।

विश्रवा ने कहा था– "तुम कौन हो? तुम क्यों यह सब चाहती हो?"

कैकसी ने कहा, "मुनिवर आप स्वतः अपने तपोबल से सब जान जाएंगे।"

"मैं कैसे? क्यों? किसलिये आपके पास आयी हूँ? आप तो मुझे स्वीकार करें," इतना कह कर मैं उनके चरणों से लिपट गई।

उन्होंने कहा, "ठीक है! पर तुम अशुभ घड़ी में मेरे पास आयी हो इसका परिणाम भयंकर होगा। तुझे राक्षस पुत्र ही होंगे।"

तब मेरी आँखों से अविरल आँसू बहने लगे।

विश्रवा ने कहा, "ठीक है, कैकसी तेरा आखरी पुत्र धर्मात्मा होगा। इससे अधिक मैं कुछ नहीं कर सकता।"

इस तरह मैं उनकी सेविका बनी और रहने लगी।

ऋषि की एक पत्नी पहले सी थी देव वर्णिनी और उससे उन्हे एक पुत्र कुबेर हुआ था। विष्णु द्वारा उसे लंका का राजा बनाया गया था। वही वहाँ का राजा था।

कैकसी ने बताया, ''लंकेश के जन्म होने पर उनका नाम दशग्रीवा रखा गया।''

फिर माँ कैकसी बोली, ''मंदोदरी तुम मेरे दशग्रीवा की पत्नी हो। लंका की महारानी हो बेटी। तुम्हें बहू के रूप में पाकर मैं तो धन्य हो गई हूँ। तुम्हारे विवाह के उपलक्ष्य में हम यहाँ आये हैं तुम्हें और भी कुछ बातें बतानी हैं, बेटी दशग्रीवा के बाद, कुंभकर्ण, विभीषण का, फिर शुर्पणखा का जन्म हुआ। तीनों वयस्क होने पर पितामह पुलस्त्य के प्रयास से वे ब्रह्माजी के पास शिक्षण ग्रहण करने गये। ब्रह्माजी के आश्रम में लंकेश ने दर्शनशास्त्र, राजनीति, आयुर्वेद, संगीत आदि का अध्ययन किया। रूद्रवीणा की खोज की। कुंभकर्ण ने भी विज्ञान, नीतिशास्त्र वगैरह का ज्ञान प्राप्त किया। विभीषण ने नीतिशास्त्र, धर्मशास्त्र, राजनीति पर ज्ञान प्राप्त किया। इसके पश्चात तीनों पुत्रों ने घोर तपस्या की, ब्रह्मदेव को प्रसन्न किया। तब लंकेश ने ब्रह्मदेव से कहा कि मृत्यु भय ही मनुष्य का सबसे बड़ा भय होता है। वही मनुष्य का सबसे बड़ा शत्रु होता है। इसलिये हे ब्रह्मदेव, मुझे अमरत्व का वरदान दो ब्रह्मदेव ने कहा, 'यह तो संभव ही नहीं है। मृत्यु तो सारे प्राणी जगत का निर्मल प्रकाश है, मित्र है। तब दशानन ने कहा पितामह फिर मुझे ऐसा वर देवे कि नाग, यक्ष, देव, दानव, असुर, राक्षस किसी के हाथो मेरा वध ना हो। शेष रहा मानव व अन्य प्राणी उन्हें तो मैं तुच्छ मानता हूँ।'

ब्रह्मदेव ने कहा, 'तथास्तु। दशानन एक वर मैं अपनी ओर से तुझे देता हूँ। तू जब चाहे अपना रूप अन्य तरीके से कर सकता है। चाहे तो दस सिर पैदा कर सकता है। इतना कहकर वे अंतर्ध्यान हो गये। उनके अंतर्ध्यान होते ही दशग्रीवा अपने वरों की प्राप्ति से अति प्रसन्न होकर त्रिलोक-विजयी, त्रिभुवनपती, दस मस्तकों का स्वामी, अपने राजा बनने का,

सुरा–सुंदरी के भोग का विचार करके अपने को कैसे प्रतिस्थापित करने के विचारों में.. नाचने लगा। उसे अब कौन रोक सकता था?

तभी उसके पास कुंभकर्ण और विभीषण दौड़ते हुए आए। उन्होंने बड़े भाई को झुककर प्रणाम किया। दशानन ने उन्हें गले से लगाया, अपने वरों के बारे में बतलाया। फिर कहाँ, "अरे मेरे छोटे भाईयों, तुम भी तो तपस्या कर रहे थे। तुम्हें भी पितामह ब्रह्मा ने क्या वर दिये है। जल्दी बताओ।"

कुंभकर्ण बोला, "दादा, तू तो बुद्धिमान है। मैं तो मूर्ख हूँ।" कह कर... रूका...

तब रावण ने कहा, "अरे कुंभकर्ण बोल तो जो भी माँगा वही बता दे।"

तब कुंभकर्ण ने कहा, "मैं तो उस समय मानो (निद्रा और खाना) नींद और खाना से ज्यादा कुछ बोल ही नहीं पाया। तो पितामह ने कहा, तथास्तु और वे अंतर्ध्यान हो गये।"

कह कर कुंभकर्ण बहुत दुःखी हो रहा था। दशानन ने उसके कंधों पर हाथ रखकर कहा, "तू तो अपने शत्रुओं को खाना और सोना। तेरी यह निंद्रा तुझे कुभकर्ण की निंद्रा के नाम से प्रसिद्ध कर देगी। ... जब भी कोई गहरी निंद्रा लेगा तो उसे कुंभकर्णी निंद्रा कहेगे। तू चिंता मत कर भाई।"

कहकर विभिषण से पूछा, "अब तू बता भाई तूने क्या माँगा?"

"मैंने तो जब ब्रह्मदेव, पितामह को देखा तो कहा, मुझे तो आपके दर्शन से ही सब प्राप्त हो गया। मुझे कुछ नहीं चाहिए।"

ब्रह्मदेव ने कहा, "नहीं तुम्हें कुछ तो माँगना ही पड़ेगा। मैंने उनके आग्रह पर कहा घोर विपत्ति में होने पर भी मैं, अपनी बुद्धि, मन, धर्म, सत्य की ओर रहूँ तथा बिना उपदेश के ब्रह्मशास्त्र की स्फूर्ति हो जाये। पितामह ने तथास्तु कहा और वे अंतर्ध्यान हो गये।"

इस पर दशानन ने कहा, "अरे मूर्ख अब धर्म का अनुसरण करने की जरूरत नहीं। हम तो स्वतः ही धर्म बनायेगे। लोग उसे ही स्वीकार करेंगे। समझा। अपना राक्षस साम्राज्य, राक्षस संस्कृति का निर्माण करेंगे राक्षस

धर्म का निर्माण, स्थापना करेंगे विभीषण, तू ज्यादा मत सोच और न ही धर्म की बात कर। अन्यथा... छोड़ भी... तू तो मेरे दरबार में विद्वान बनकर बैठना। ठीक है। समझा ना। ''

इस तरह तीनों भाई अपने पिता के आश्रम में वापस आए। आकर कैकसी और विश्रवा के चरणो की वंदना की और वही अपना समय व्यतीत कर रहे थे। दशग्रीवा तो सदा राक्षस राज्य का निर्माण करने के, उसकी स्थापना करने के विचारों में खोया रहता था राजा बनने के लिए उतावला-सा ही था। एक दिन कैकसी के पिता आश्रम में आये और उन्होंने दशग्रीवा, कुंभकर्ण, विभीषण से कहा, ''अरे मेरे नातियों, तुम्हें देख कर मुझे गर्व होता है। तुम्हें देख कर मेरा हृदय प्रसन्नता से खिल जाता है। कहीं तुम्हें मेरी नजर ही ना लग जाए। विद्वान हो शस्त्र, शास्त्रों में पारगंत हो तुम्हें तुम्हारे पितामह ब्रह्मदेव से वर भी प्राप्त हुए हैं। तब तुम्हारा ये आश्रमवासी जीवन ठीक नहीं लगता। तुम्हें तो अपना राज्य निर्माण करना चाहिये और एक संस्कृति गढ़ना चाहिए। तुम्हारे पिता विश्रवा ब्राह्मण (आर्य) है माता राक्षस कुल की राजकुमारी है और तुम्हें कोई और तो कहेगा नहीं। इसलिये राक्षस राज्य की स्थापना करो।''

तभी माता कैकसी ने, अपने पिता सुमाली से कहा था, तात आप यह क्या कह रहे है? तब तात ने कहा, ''कैकसी अब समय आ गया है हमारे राक्षस कुल के उज्जवल भविष्य की स्थापना का और लंका पर फिर से राक्षस राज्य स्थापित करने का।''

कैकसी ने कहा, ''आप यह क्या कह रहे है? तात लंका में इस समय विश्रवा के बड़े पुत्र कुबेर का राज्य है। आप तो भाईयों में युद्ध करवाना चाहते है। क्या यह उचित है? दशानन का मस्तिष्क कुबेर से राज्य छिनने के लिए उकसा रहे है। मेरे ही परिवार में रंजिश विद्रोह करवा रहे है।''

तब सुभाली ने कहा, ''कैकसी तू भूल गयी, विष्णु ने मेरे भाई माली को मारकर, हमे युद्ध में हराकर लंका से खदेड़ दिया था। विष्णु ने ये राज्य जीत कर कुबेर को लंका का राजा बना दिया था। तभी से हम दर-दर भटक रहे हैं। कैकसी मुझे तेरे पुत्र दशग्रीवा में विद्वता शक्ति, दृढ़संकल्प

और राक्षस वृती के गुण दिखते हैं वहीं अब लंकापति, राक्षसों का राजा बनेगा। तेरे दसों भाईयों के साथ, प्रहस्त को सेनापति बनाकर, राक्षस, दैत्य, असुर, दानवों को एकत्रित करके दशग्रीवा अपने राज्य की स्थापना करेगा। बस तभी से दशानन अपने नाना सुभाली के साथ हो गया तथा आश्रम छोड़ दिया उसका साथ देने में कुंभकर्ण, विभीषण भी थे। सुभाली नाना की सहायता से कुछ राक्षसों की सेना का निर्माण किया। दशानन ने कुबेर को युद्ध के लिए ललकारा, परंतु कुबेर ने युद्ध करने के पहले अपने पिता विश्रवा से चर्चा की। विश्रवा ने कहा भाईयों से युद्ध करने की बजाय तू राज्य दशग्रीवा को सौंप दे और हिमालय की तरफ अपना राज्य निर्माण कर।''

पिता की आज्ञा को कुबेर ने स्वीकार किया। उसने वहीं किया जो विश्रवा चाहता था। दशानन को लगा कुबेर ने भयभीत होकर युद्ध नहीं किया और राज्य उसे सौंप दिया है। यहाँ दशानन ये भी समझ गया कि शारीरिक संघर्ष की बजाय, वैचारिक संघर्ष महत्वपूर्ण है। इससे यश, कीर्ति प्राप्त होती है। मंदोदरी इसी तरह विचार चक्रों में उलझी हुई अपने और दशानन की प्रथम भेंट व विवाह के पश्चात, प्रथम मिलन के दृश्य में खो गई। उसे याद आया दशानन ने सबसे पहले मंदिर में शिवलिंग की पूजा करने जाते समय देखा था। उसी समय उसने मेरे पिता मय के पास जाकर कहा था। ''मयासुर मैं तुम्हारी पुत्री से विवाह करना चाहता हूँ।'' पिता जी इस विवाह के लिये तैयार नहीं थे उन्होंने पहले ही मना कर दिया था। पर तब मंदोदरी को अपनी पिता की विवशता तथा त्रिभुवनविजयी दशानन की शक्ति का अंदाजा था। मंदोदरी ने अपने पिता से कहा था, तात मुझे संसार का सर्वश्रेष्ठ विद्वान बलशाली, ब्रह्मदेव से वर प्राप्त किया पति ही चाहिए। दशानन में विद्वता, पराक्रम, यौवनवैभव का संगम है। अतः मैं उसे ही वरमाला पहनाऊँगी। दशानन वेदों और दर्शन का ज्ञानी है। तथा 10 देशों को जीतने वाला है। इसलिये उसे दशानन कहा जाता है। तब मयासूर ने धूमधाम से दशानन के साथ मेरा विवाह कर दिया। मेरे पिता एक श्रेष्ठ वास्तुकार होने से हम उस समय मण्डोला नामक स्थान पर थे। वहीं मेरा

विवाह हुआ जो कि आज राजस्थान में है। और मैं मदुरा से मंदोदरी बन गई, मेरा नाम बदल दिया गया।

विवाह के पश्चात प्रसन्न नववधु पहली बार लंका के राजप्रसाद में आयी। आते ही कुछ विधियाँ उनके पितामह पुलस्तस्य जी ने पिता विश्रवा ने दशानन के साथ करवायी। तभी महल के भव्य रत्नजड़ित शिवलिंग के मंदिर में हाथ जोड़कर मैं प्रार्थना कर रही थी, हे शिवशंकर मेरे सौभाग्य को सार्थक करना। तभी मैंने दशानन की ओर देखा वहाँ ना तो हाथ जोड़े ना ही ईश्वरीय दरबार में नम्रता की। वहाँ उसमें गर्व, अहंकारी लंकापति का रूप दिखाई दिया।

उनके पितामह और पिताजी उन्हें महादेव को स्मरण करने तथा हाथ जोड़ने को कह रहे थे।

दशानन ने घमण्ड से कहा था– "हूँ... कैसे नमस्कार करूँ। मैं तो देवों को अपने यहाँ दास बनाकर रखने वाला हूँ।"

इस कथन पर पुलस्तय कुछ क्रोध में बोले थे। दशानन तब उसने बात को बढ़ने नहीं दिया। कृत्रिम भक्ति भाव से हाथ जोड़े। ये सब देख कर मंदोदरी कसमसा गई एक अजीब थरथराहट जो कि अपेक्षा भंग की हो रही थी।

राक्षसी वृत्ति के तीनों गुण सत्ता, संपत्ति तरूणाई दिखाई दिए। ये तीनों प्राप्त करने के मार्ग उचित नहीं ये भी उस सुमुखि को समझने में देर नहीं लगी। अनजाने, अनचाहे उसके नेत्रों में आँसू आ गए। कोई देख ना ले इसलिए उसने प्रयास से उन्हें वहीं रोका। फिर याद आया रात्रि में प्रथम मिलन का जो कि रोमांच की जगह रोंगटे खड़े होने का था। मंदोदरी, दशानन के मिलन के मधुर कल्पनाओं के रंगीन स्वप्नों में खोयी थी। कोमल भावनाओं से भीगी, हौले से स्पर्श से मधु-मिलन में डूबी हुई थी। तभी दशानन ने आकर उसके कंधों पर हाथ रखे।

मंदोदरी ने कहा, "आप?"

"हाँ, मैं क्यो?"

“आ नहीं सकता? पति हूँ तुम्हारा। तुम्हारे कक्ष में आने का, तुमको पाने का हक है मुझे मंदोदरी।”

मंदोदरी ने कहा, “स्वामी आप ठीक कह रहे है। पर।”

“पर... क्या...?”

“माता कैकसी ने कहा है आज अमावस्या है आज हमारा मधु-मिलन उचित नहीं। और अब मैं आपकी ही हूँ। इसलिये...”

“नहीं मुझे स्वीकार नहीं।” दशानन ने कहा और... उतवाले पन से... मेरे मन के विपरीत अधीरता से स्त्री सुलभ मृदु स्वप्नों को बिखेर दिया। मेरे मन में थी शरीर सुख से ज्यादा मिलन की वेदना। प्रथम मिलन वो भी इस तरह।”

सुबह माता कैकसी ने मुझे बुलवाया। दासी ने आकर कहा महारानी आपको राजमाता ने याद किया है।

“मंदिर में पूजा करनी है।”

“ठीक है।”

“जाकर कहो, मैं आ रही हूँ।”

मैं जल्दी राजमाता के महल में पहुँची। उन्हें झुककर प्रणाम किया। उन्होंने कहा। पुत्रवती भव। फिर मैं अनमस्यसी खड़ी रही।

तब माता ने कहा, “बेटी मंदोदरी तेरा चेहरा मुरझाया, खुश्क-सा सा क्यों दिख रहा है।”

“नहीं माते, कोई बात नहीं।”

“माता कह रही है। और मुझसे कुछ छिपा रही है।”

“आगे, वह ही बोली। कल दशानन तेरे महल में आया था ना। क्या हुआ? कुछ तो बोलो। बताओ।

तब मैंने कहा, “माता जो नहीं होना था वही हो गया। मैंने कहा भी, आपने आज मिलने को मना किया है। पर-पर मैं उन्हें नहीं रोक पाई इसलिये ही।”

माता कैकसी ने कुछ उदास स्वर में कहा, "पुत्री मैं तो अनिष्ट समय में... दिवस... के कारण... पितृकुल के उत्कर्ष के लिये। यह क्या हुआ... वह... शाप... शाप... ही कल दशानन ने भी उसी राक्षसी समय और दिवस को... क्या होगा...? ये कहकर वे चुप होकर सोच में डूब-सी गई।"

मैंने ही कहा, "माते, आपने मुझे मंदिर में जाने के लिये बुलवाया था। हाँ बेटी, चलो महल के शिवालय में आज एक साथ पूजा करते हैं।"

"जरूर माते।" कहकर, हम दोनों शिवालय में जाकर पूजा करके, वहीं बैठ गई।

माता कैकसी ने कहा, "मंदोदरी मैं दशानन की माँ हूँ। उसके बारे में और कुछ बाते कहना चाहती हूँ।"

"जरूर कहो माता।"

तब कैकसी ने कहा, "मंदोदरी, दशानन पराक्रमी, हिम्मती, विद्वान है। ब्रह्मदेव से वर भी प्राप्त कर चुका है। परंतु जिद्दी भी है।"

"आपने मुझे बताया था माते। मुझे मालूम भी था। ये सब दशानन के लिये शोभनीय भी है।"

"बेटी, मंदोदरी ये सब होने पर भी उसका दूसरा पहलू यह है कि तू लंकाधीश की पत्नी होने के साथ महारानी भी है। लंका की प्रजा की स्वामिनी होने के साथ, उनकी माता भी है। इस भूमिका में तेरी जिम्मेदारियाँ बहुत अधिक है। दशानन की पत्नी होना, सहज सरल नहीं है। पुत्री उसकी राक्षसीवृति, अनैतिक, अधर्म आचरण पर तुझे, तेरी सात्विकता, नैतिकता, धार्मिक वृति से, लगाम लगानी होगी। कभी प्रेम से कभी हठ से, कभी रूठकर, नाराजगी व्यक्त करके समयानुकूल स्थिति पर प्रतिबंध लगाना होगा, नियंत्रित करना होगा। यही सब समझाना था। तू चिन्ता मत कर महादेव तेरे साथ है। विवाह में आए सभी अतिथि, रिश्तेदार भी अब जा चुके हैं। कल मैं और विश्रवा भी अपने आश्रम चले जायेगे। हाँ, कुंभकर्ण, विभीषण, शूर्पणखा ये यही लंका में रहेंगे। कुंभकर्ण तो खाने और सोने में

समय गुजारेगा। शूर्पणखा, अपने स्वतः के श्रृंगार में बनाव में मगन रहेगी। विभीषण, मेरा छोटा बेटा, सद्विचारी, धर्मात्मा, नैतिक प्रवृति का है। वो जरूर तुझे सहयोग देगा।''

इस तरह माता कैकसी से लंबी पारिवारिक चर्चा हुई।

मैंने कहा, ''माते, मैं आपकी स्नुषा मंदोदरी, आपकी बातों को ध्यान में रखूंगी तथा आपके कहे अनुसार उसे अमल में लाने का प्रयास करूंगी। आपका आशीर्वाद सदा साथ रहे।'' कहकर प्रमाण करके, अपने महल में आ गई।

समय बीत रहा था। मंदोदरी कुंभकर्ण, विभीषण, शूर्पणखा के साथ घुल-मिल गई। कुंभकर्ण तो मजाक में कहता था, ''कि भाभी मंदोदरी, मैं तो पेटू हूँ। खाना और सोना मेरा काम है। मेरे जैसे खव्वैये से मुक्ति पाना हो तो मेरा विवाह करवा दो।''

विभीषण के द्वारा मुझे राजदरबार की तथा लंका की खबरे जानकारियाँ मिलती रहती थी जिसे मैं मंदोदरी और विभीषण अपने साथ धार्मिक आधार से विशेष ध्यान रखते थे। प्रजा भी इस बात को समझती थी। मैं भी गुप्तचरों की सहायता से राज्य की स्थिति, प्रजा की जरूरतों पर ध्यान रखकर, उस पर मदद करती थी। सामुद्रिक रास्तों से जो व्यापार होते थे वह सारा कार्य भार विभीषण के हाथों तथा उस पर भी हम लोग दशानन से चर्चा करते तथा जो उचित परिवर्तन या कुछ सुविधा करनी होती थी। वह भी करते थे इस तरह समय बीत रहा था।

दशानन का राज्य विस्तार कार्यक्रम चालू ही रहता था। उसी में कुंभकर्ण का विवाह ब्रजबाला से तथा विभीषण का विवाह सरमा से कर दिया।

शूर्पणखा काफी सुंदर, बुद्धिमान, कामुक, महत्त्वाकांक्षी थी। उसने स्पष्ट कर दिया था उसे दशानन की तरह शक्तिशाली, बलशाली, महत्त्वाकांक्षी, ऐश्वर्यवान व्यक्ति से ही विवाह करना है। तब उसका विवाह पाताल लोक के विद्युतजिव्ह से किया गया। वह वीर, महत्त्वाकांक्षी था

उसके साथ शूर्पणखा खुश थी। वैसे शूर्पणखा में राक्षसी गुणों की कभी भी कमी नहीं थी। पर विद्युतजिव्ह से विवाह करके वह प्रसन्न थी। अपना स्त्री धर्म ठीक से निभा रही थी।

समय के साथ मैं मंदोदरी पहली बार माता बनने वाली थी। अपने प्रथम मातृत्व के समय कुछ अस्वस्थ बैचेन थी। मंदोदरी को लगता कि मेरा पुत्र वीर, विद्वान, प्रजापालक सर्वनिष्ठ, नैतिक मान्यताओं को मानने वाला एक वृति हो। साथ ही राक्षस जाती के नेतृत्व वाला हो। दशानन के राज्य विस्तार में सहायता करने वाला हो। अजेय भी हो।

दशानन भी उन दिनों में मंदोदरी का विशेष ख्याल रख रहा था। किसी भी तरह का मान कष्ट ना हो, यह ध्यान रख रहा था। दशानन स्वतः आयुर्वेद का अच्छा ज्ञाता होने से स्वतः रस तैयार करके देता था। लंका के सर्वश्रेष्ठ आयुर्वेदाचार्य सुषेण को विशेष तौर पर दे रखा था कि वो रोज मंदोदरी का स्वतः परीक्षण करे और उचित देखभाल करे।

दशानन मंदोदरी से कहता था, ''मेरा पुत्र बलवान, मेरे पदचिन्हों पर चलने वाला होगा ना मंदोदरी?'' मैं तब सोचती, हे महादेव मेरा पुत्र कैसा होगा वह मेरे अनुरूप होगा कि नहीं।

दशानन वैसे तो नास्तिक था पर इस समय जब कभी मंदिर की ओर जाता नमस्कार करता दशानन ने गर्भ संस्कार का भी पूर्ण ध्यान रखा था।

समय आने पर बालक का जन्म हुआ, उस समय मंदोदरी की दासी ने दौड़कर ये समाचार दशानन को दिया। महाराज अपकी वंश बेल को बढ़ाने वाला आ गया है। आपको पुत्र रत्न हुआ है।

दशानन ने खुश होकर, अपने गले के सारे आभूषण उस दासी को दिए और दौड़ते हुए मंदोदरी के पास आया। उस समय जोरो से मेघ गर्जना हो रही थी। दशानन ने उसी समय, मेघनाद कहकर उसका नामकरण कर दिया उस समय दशानन का चेहरा स्वतः स्वच्छ दर्पण-सा हो रहा था। उसके हृदय के विचारों का दर्पण। दशानन कह रहा था।

''मंदोदरी, ये मेघनाद लंका का भावी राजा, शूरवीर, कीर्ति ज्ञानी

होगा ना?"

उस समय पुत्र प्रेम से दशानन का चित्त उसी में खोया हुआ था। वहाँ से जाते समय, दशानन ने पेड़ पर देखा गौरय्या, अपने छोटे बच्चों के मुख में दाना डाल रही थी यह देख दशानन के हृदय में भी एक नैसर्गिक प्रेम भावना उमड़ रही थी।

दूसरे ही दिन दशानन ने ज्योतिषी को बुलाया, उसकी जन्मकुंडली, पत्रिका बनवायी तब ज्योतिषी ने कहा, "लंकापति, यह बालक जग में प्रसिद्ध व पराक्रमी होगा। प्रथम मुख्यतः यह देवेन्द्र इन्द्र को पराजित करेगा। दूसरा यह विनाशकारक, अघोरी सिद्धियों को सिद्ध करने वाला तथा राक्षसीवृति का होगा। तीसरा यह मानव द्वारा मारा जायेगा।" यह तो असंभव... मानव द्वारा... मृत्यु...।"

"असंभव।"

ज्योतिषी ने कहा, "महाराज, क्षमा। यह ज्योतिष गणना के हिसाब से कह रहा हूँ।"

इस तरह की भविष्यवाणी को सुनकर मंदोदरी फिर एक बार अपनी तन्द्रा में खो गई थी। उसको पुत्र जन्म से खुशी थी। तो दूसरी तरफ भविष्य-वक्ता के कथन को सुनकर नेत्रों में अश्रू भी थे। वह सोच रही थी जब मेरा पुत्र बड़ा होगा, मेरे कहे अनुसार... मानेगा ? या अपने पिता अनुसार... राक्षस धर्म... अपनायेगा ?

इसी द्वन्द्व में पुत्र के प्रति अनेक, अनकही चिन्ताओं का सिलसिला उसे स्वप्न में भी डरा देता था फिर माँ मंदोदरी को याद आने लगता दैत्य, दानव, असुर संस्कृति में लिप्त अपने पति की वे सारी कारवाइयाँ, जिससे उसे लंकापति बनाया था।

लंकापति को पुत्र प्राप्ति पर सभी परिचितो रिश्तेदारो, राजा महाराजाओं के यहाँ से अभिन्न बधाईयाँ, उपहार आदि आ रहे थे। दशानन के सभी रिश्तेदार भी मेघनाद को देखने आ रहे थे। तभी कुबेर ने कुछ उपहार तथा कुछ नसीहत के साथ अपना एक दूत लंकापति के पास भेजा था। उस दूत

ने जब कुबेर का संदेश, जो नसीहत थी। सुनाने की अनुमति माँगी।

दशानन ने दरबार में कहा, ''हाँ सुना तेरे कुबेर का संदेश।''

दूत ने कहा, ''राक्षसराज कुबेर ने आपको आशीष देकर कहा है।''

''क्या कहा है? उन्हीं के शब्दों में कथन कर रहा हूँ।''

''दशानन, तेरे बारे में बहुत-सी ऐसी खबरे सुनने में आ रही है। कि तू ऋषि, मुनि, तपस्वियो, गंधर्व, देव सभी को कष्ट दे रहा है। उनकी हत्या भी कर देता है। ये सब करना बंद कर दे तुझे ये शोभा नहीं देता है। तू अपने पिता विश्रवा जो कि ऋषि है। ब्राह्मण है तेरी माता राक्षस कुल की है। उनका तू कुछ तो विचार कर। और हाँ, वैसे भी तू संकर्ण है तेरा जन्म संकर्णिता से हुआ है। तुझे मैने लंका का राज्य पिता के कहने पर दे दिया था तू छोटा भाई है अतः तुझे कुछ शिक्षा की बातें कह रहा हूँ।'' यह कह कर दूत चुप हो गया।

तब दशानन ने कहा, ''और भी कुछ कहना बाकी है ?''

दूत ने कहा ''हाँ, दशानन।''

आगे ये भी कहा कि अब तू पिता बन गया है। अब तू अपने में सुधार नहीं करेगा तो तेरा पुत्र भी तेरे पदचिन्हों पर चलेगा। इतना कहकर दूत ने प्रणाम किया और जाने की अनुमति चाही।

तब दशानन क्रोध से आग बबूला हो गया और बोला, ''दूत तू कुछ ज्यादा ही बुद्धिमानी कर गया है। इसलिये तेरा सर कलम करने की आज्ञा दे रहा हूँ क्योंकि तूने मेरा अपमान किया है तुने मुझे दशानन कहा है।''

इतना कह कर लंकेश के इशारे पर उस कुबेर के दूत का सिर कलम करवा दिया। राजदरबार में सन्नाटा-सा छा गया था। सारे दरबारी चुप्पी साधे बैठे थे।

इस घटना से दुःखी विभीषण ने खड़े होकर नम्र स्वर में कहा, ''राजन, दूत की हत्या करना अधर्म है। इसे मृत्यु के स्थान पर कुछ और सजा दे देते।''

इस पर दशानन ने नाराज होकर कहा, ''विभीषण तू मेरे राज्यसभा में खड़ा होकर मेरी ही खिलाफत कर रहा है। तू अभी इसी क्षण यहाँ से चला जा वैसे भी तू सिर्फ धर्माधिकारी बन दरबार में शोभा पाता है इससे ज्यादा कुछ नहीं।''

''इस तरह अपमानित होने पर दिङ्मूढित-सा मैं, विभीषण सीधा आपके पास आया हूँ। भाभी मंदोदरी, मेरा मन दूत की हत्या से व्यथित हो रहा है आप इस मामले में कुछ तो दशानन से जरूर कहिए। उसे समझाओ! दूत का वध उचित नहीं है।''

भाभी मंदोदरी को भी विभीषण का पक्ष उचित लग रहा था। मंदोदरी ने कहा, ''कुबेर बड़ा भाई है, उस नाते चार बाते अच्छी तथा कुछ सत्य कहलवाया है उसमे दूत की हत्या करने पर विभीषण का अपना पक्ष दरबार में रखना उचित ही है।''

पर इस समय मंदोदरी चुप रही मौका मिलने पर ही कुछ कहना ठीक रहेगा। यह सोच कर वह पूरी स्थिति पर नजर रख रही थी। वैसे मंदोदरी हमेशा दशानन के कार्य पर टिप्पणी भी करती थी और अपनी ओर से समझाईश भी देती थी।

कुछ दिनों पश्चात दशानन ने कुबेर पर आक्रमण की योजना बनाई तथा उसे हिमालय के अलकनंदा नामक स्थान पर युद्ध करने का संदेश भी भेजा। यही उचित अवसर जानकर मंदोदरी ने प्रेम से कहा था-

''स्वामी, कुबेर आपके बड़े भाई है युद्ध करना उचित नहीं होगा उन्होंने प्रेमवश आपको दूत द्वारा कुछ संदेश भेज दिया था। फिर आपका युद्ध करना आपके पिता की नजरों में अनुचित ठहराएगा कृपया आप फिर से इस बात पर विचार करे।'' दशानन ने कहा।

''मंदोदरी, तुम अपना अधिकार, हक महल में दिखाओ राजसभा, दरबार या राज्य के निर्माण विस्तार में दखल देने का प्रयास मत करो।''

मंदोदरी ने कहा, ''ठीक है स्वामी।''

''पर विभीषण तो राज्यसभा में मंत्री है। ना उसका भी मत।''

"वह कायर, धर्मभीरू मेरे राज्यसभा में छोटा भाई होने के कारण...। इस तरह नजर अंदाज करके दशानन ने अलकनंदा तक पहुँच कर कुबेर से युद्ध किया। कुबेर की युद्ध में हार हुई, इस युद्ध में नाना सुमाली भी जोर शोर से लडे। सुमाली को पहले ही अपना राज्य छिनने तथा गुमनामी में जीवन काटने का दुःख था। प्रतिशोध की ज्वाला से युद्ध लड़ा गया था। घमासान युद्ध हुआ।"

कुबेर ने धन संपदा, अपना व्यापार तथा पुष्पक विमान देकर क्षमा याचना-सी की। तभी दशानन ने कहा, "यह तो ठीक पर तूने मुझे संकारित कहकर जो श्रेष्ठतत्व दिखाया उसका परिणाम तो भोगना पड़ेगा।"

यह कहकर उसने कुबेर के पुत्र नलकुबेर की पत्नी रंभा के साथ वही किया जो उसे नहीं करना चाहिये था। दशानन के नाना सुमाली, तथा प्रहस्त जो कि सेनापति थे उन्होंने भी इस को अनुचित बता कर रोकने का प्रयास किया था। पर दशानन ने कहा, "यहाँ मुझे शरीर से नहीं मन के पहुँचे आघात को, उस तड़प को, कुबेर को समझाना है। इस तरह कुबेर पर विजय प्राप्त करके उससे पुष्पक लेकर आए। कुबेर की पुत्रवधु रंभा ने रावण को श्राप दिया, "आज के बाद जब भी किसी स्त्री का उपभोग उसकी इच्छा के खिलाफ करोंगे तुम जल जाओगे।"

यह सारी घटना विभीषण ने लंका आने पर मंदोदरी को आँखों देखा हाल कहकर सुनायी और अंति व्यग्र दुःखी होकर कहा, "अब ये देखा, सहा नहीं जाता है।"

मंदोदरी स्तब्ध किंकर्तव्यमूढ़-सी सुनती रही फिर बोली, "विभीषण तुम्हें क्या लगता है? ऐसी घटना होने पर मैं दशानन को समझाने या रोकने-टोकने का प्रयास नहीं करती हूँ। पर सारे प्रयास विफल होते है।"

इसी तरह समय बीतने पर मंदोदरी ने एक पुत्र अक्ष कुमार को जन्म दिया। कुंभकर्ण और ब्रजबाला के भी दो पुत्र कुंभ, निकुंभ हो गए। विभीषण और सरभा को दो बेटिया त्रिजटा और कला हुई। रावण की दूसरी पत्नी धन्यमालिनी से अतिकाय नरांतक, देवांतक, त्रिशिरा पुत्र हो गए। इस तरह परिवार काफी बड़ा हो गया था।

राज्य विस्तार की लालसा तथा राज्य विस्तार होने पर, उन राज्यों से धन, दौलत के साथ सुंदर महिलाएँ भी लंका में लायी जाती थी। दशानन ने एक रत्नों से जड़ित रंगमहल बनवाया था। अनेक गन्धर्व, देव, यक्ष कन्याओं को लाकर रखा था। उसका अधिकांश समय वहीं सुंदरियों व मदिरापान के साथ व्यतीत होता था।

मंदोदरी का स्वास्थ्य भी कुछ ठीक नहीं था। दशानन का आना भी महल में कम ही हो गया था। मेघनाद भी शिक्षा ग्रहण करने गया था। मंदोदरी पूर्णतः अकेली-सी हो गई थी। जब मेघनाद अपनी शिक्षा पूर्ण करके लौटा तो दशानन ने उसका स्वागत बहुत धूमधाम से वैभव पूर्ण तरीके से किया था। लंकावासियों को बहुत दान दक्षिणा भी दी थी। राजदरबार में मेघनाद से त्रिलोक विजेता पर चर्चा की तथा मेघनाद के साथ देवेन्द्र इन्द्र पर आक्रमण करने की योजना बनाई।

दशानन ने अपने पुत्र से कहा, ''पुत्र मेघनाद यह तुम्हारा प्रथम युद्ध है। इसमें तुम्हें विजय प्राप्त करनी ही है।''

मेघनाद भी प्रसन्न था। राज्य विस्तार एवं अपने कौशल को दिखाने का मौका भी था। प्रथम बार युद्ध में जाते समय वह मंदोदरी से आशीर्वाद लेने आया। तब मंदोदरी ने कहा, ''पुत्र हमारे पास किसी चीज कि कमी नहीं है। तुम्हारे पिता के पास दसों राज्य हैं वे दशानन कहलाते है। फिर ये युद्ध क्यों?''

मेघनाद ने कहा, ''माते, ये मेरा प्रथम युद्ध है इस युद्ध में विजय प्राप्ति मेरा लक्ष्य है। विजय प्राप्ति का विचार करना बुरा नहीं है।''

तब मंदोदरी ने कहा था, ''पुत्र ये युद्ध लक्षपोषण राक्षसी वृति का है। जिसे मैं अनिवर्धता से देख रही हूँ।''

मेघनाद ने कहा, ''माते मुझे तो आशीर्वाद दो विजयी होने का...।''

मंदोदरी न कहा, ''विजयी तो तुम होगे ही पुत्र।''

इस तरह मेघनाद आशीर्वाद लेकर युद्ध में गया। मंदोदरी को मेघनाद के जन्म पर ज्योतिषी द्वारा कही बातें याद आ रही थी। इसी तरह मेघनाथ

युद्ध में विजयी हुआ, वह इन्द्र को रस्सी से बाँधकर लंका में लाया, तब दशानन ने उसे इन्द्रजीत का नाम दिया।

मेघनाद अब इन्द्रजीत कहलाने लगा। उसकी जय-जय कार की गूंज हो रही थी। नारद ने आकर इन्द्र को छुड़वाने का अनुरोध किया इस पर इन्द्र को मुक्त कर दिया गया। इस तरह इन्द्रजीत की ख्याति से राजा वासुकि जो कि नागवंश के राजा थे। उन्होंने अपनी सुन्दर, सुशील, सुलोचना के विवाह का प्रस्ताव लंकापति के सामने रखा। विवाह बहुत ही शानदार, ऐश्वर्य की छाया में हुआ। सुलोचना के आने से महल में एक नयी जीवंतता आ गई थी।

वह राजप्रसाद के शिवलिंग की पूजा करके प्रतिदिन कुछ समय मंदोदरी के साथ व्यतीत करती थी हम दोनों माँ बेटी की तरह बातें करते थे वो मेरे अकेलेपन के दर्द को समझती थी।

एक दिन मंदोदरी ने कहा, ''सुलोचना मुझे तुमसे कुछ कहना है।''

''कहिये ना माते।''

''मेघनाद ने इन्द्र पर विजय प्राप्त करके इन्द्रजीत नाम प्राप्त किया है।'' इसके अलावा अग्निष्टोम अश्वमेद्य आदि यश भी निकुंभिला नामक स्थान पर जाकर प्राप्त किए है। अदृश्य होने की शक्ति भी प्राप्त की।''

सुलोचना ने कहा।

''मैं जानती हूँ माते। पर बेटी इन्द्रजीत पराक्रमी है पर अघोरी सिद्धियों को पाने में हद से ज्यादा जुट जाता है। इन्द्रजीत ने उन सिद्धियों पर विजय भी प्राप्त कर ली है। ये शक्तियाँ मोहक भी होती है। पर विनाशकारक... भी होती है। कभी-कभी स्वतः के लिये घातक सिद्ध होती है। बेटी सुलोचना तू उसकी पत्नी, प्रिया है। वह तेरी बात मान सकता है। तू उसकी इन रूचियों को कम करने का प्रयास करना। यह मैं चाहती हूँ।''

सुलोचना ने कहा, ''माते मैं अवश्य प्रयास करूँगी।''

युद्ध करने की इच्छा और अपने राज्यविस्तार तथा आंतक के प्रदर्शन को दशानन कभी लगाम नहीं लगा पाया था। उसी वजह से वो पुष्पक प्राप्ति

के बाद महिषमती नगर के सहस्त्रार्जुन से युद्ध करने का विचार करके वहाँ गया। उस समय सहस्त्रार्जुन अपनी रानियों के साथ अंतपुर के जलाशय में जलक्रीड़ा कर रहे थे। दशानन सीधे अकेले वहीं पहुँच गया, यह देखकर सहस्त्रार्जुन ने ललकारते हुए कहा, ''दशानन तू इतना अंहकारी हो गया कि, तू ये भी भूल गया कि युद्ध कहाँ किया जाता है।''

इतना कहकर सहस्त्रार्जुन ने गदा युद्ध प्रारम्भ किया गदा युद्ध के दौरान उसने दशानन को बंदी बनाया और बंदीगृह में कैद कर लिय। कुछ दिनों के बाद पुलस्त्य ऋषि वहाँ आये वे सहस्त्रार्जुन के गुरू थे।

सहस्त्रार्जुन ने कहा, ''गुरुवर आप मेरा आतिथ्य ग्रहण करें। फिर पूछा आपकी और क्या सेवा करूँ तब।''

पुलस्त्यजी बोले, ''दशानन को छोड़ दो।''

सहस्त्रार्जुन ने तुरंत एक राजा की तरह, दशानन को भेंट, आतिथ्य देकर अपने गुरु के समक्ष दशानन को छोड़ दिया। पितामह पुलस्त्य को देखकर दशानन को पूरा घटना क्रम समझ आ गया। यह घटना स्थिति दशानन को अपमानजनक लग रही थी। तब उसने अपने पुष्पक का रूख हिमालय के कैलाश पर्वत की ओर किया। वहाँ उसे महादेव से भेंट करने की इच्छा हुई। पुष्पक को कैलाश पर्वत से कुछ दूरी पर खड़ा करके वह पैदल ही, उस ओर चल पड़ा। वहीं उसकी भेंट बेढब शरीर के नंदी से हुई। उसे देखकर दशानन उसके शरीर पर टिप्पणियाँ करके हँसने लगा तब नंदी बोला, ''अरे तूने मुझे वानर कहा है? तेरा यह अहंकार वो वानर ही तोड़ेंगे। मैं तो सिर्फ महादेव का सेवक हूँ। उनकी छाया में रहता हूँ। तू उनसे भेंट करने आया है तेरी भेंट अभी संभव नहीं है तुझे इंतजार करना होगा। तब दशानन ने पर्वत पर लगे त्रिशूल और उसमे लगे डमरू को उठाने की कोशिश की नंदी ने कहा ये महादेव का है। इसे हाथ मत लगाओ।''

तब दशानन ने उस पर्वत को ही उठाने की कोशिश की तभी उसके दोनों हाथ पर्वत के नीचे फँस गये वो जोर से चीख कर दर्द से अट्टहास करने लगा विहल होकर इस दर्द से बचने के लिए उसने 'शिव स्त्रोत' की तुरंत रचना कर दी और उसे मधुर स्वर में गाने लगा उस स्त्रोत को सुनकर शिव

प्रसन्न हो गये।

शिव वहाँ प्रगट होते ही दशानन के हाथ पर्वत के बाहर आ गये तथा एक दम दर्द रहित हो गये।

महादेव ने कहा, ''दशानन आज मैं तुम्हारे शिव स्त्रोत को सुनकर अति प्रसन्न हूँ। तुम्हारी रचना को शिवताण्डव नाम देता हूँ क्योंकि जब मैं खुश होता हूँ तो ताण्डव नृत्य करता हूँ। तुम्हारे गाने से, स्तुति से प्रसन्न हुं। इसलिये तुम्हें 'रावण' नाम भी दे रहा हूँ। आज से तुम्हारा ये शिव स्त्रोत शिवताण्डव के नाम से जाना जाएगा। इस शिवस्त्रोत से मैं बहुत प्रसन्न भी हूँ।''

रावण नाम सुनकर दशानन प्रसन्न हो गया उसने कहा, ''महादेव आप मुझे कोई शस्त्र भी दीजिये।'' तब महादेव ने उसे चन्द्रहास नाम का खड्ग भेंट में दिया और कहा, ''जब तुम इसे गलत उपयोग करोगे, ये लुप्त हो जायेगा।''

सहस्त्राबाहुअर्जुन से अपमानित होकर दशानन फिर महादेव से मिल कर वापस लौट रहा था। अपने नये नाम रावण के नामकरण से प्रसन्न भी था। उसी समय पुष्पक से नीचे देखने पर उसे किष्किंधा दिखाई दिया वहाँ का राजा बाली वानरों का राजा था। रावण ने सोचा इसी बाली वानर राजा को पराजित करके लंका जाऊँगा। उसने किष्किंधा नगरी के पास पुष्पक उतारा और सीधे महल में युद्ध की अभिलाषा से गया वहाँ बाली के सेवकों से पता चला इस समय बाली संध्यावदन के लिए दक्षिण समुद्रतट पर गया हुआ है। यह पता चलते ही रावण सीधे समुद्र के दक्षिण तट पर पहुँचा। बाली संध्यावदन कर रहा था उसने रावण को देख लिया था उसकी मानसिक चेष्टा को ताड़ भी गया फिर भी नेत्र बंद करके ध्यान करता रहा। रावण को लगा ये ही सही समय है बंद नेत्र बाली को मारना आसान है और वार करने की कोशिश की। बाली ने चपलता से रावण को अपनी पूंछ में लपेटा और समुंद्र पर उड़ान भरकर चारों समुद्रों पर तेजी से घुमाकर रावण को अपने महल के द्वार पर ला पटका, रावण बेहोश होकर पड़ा था। होश में आने पर रावण ने कहा बालीराजा मैं युद्ध करने की इच्छा से आया था

परंतु मैं तुमसे युद्ध करने योग्य नहीं हूँ। अतः मेरे साथ अग्नि को साक्षी रखकर मेरी दोस्ती स्वीकार कर लो। इस पर बाली ने स्वीकृति दी। बाली ने रावण को कुछ दिन किष्किंधा नगर में रहने का आग्रह किया। उसके आग्रह को स्वीकार करके रावण ने पूरे किष्किंधा का दौरा किया। बाली ने घूम-घूमकर अपने राज्य का प्रदेश दिखाया तभी रावण को वहाँ सोने की खदानों के होने का पता चला और इन्ही स्वर्ण खानों को लेकर व्यापारिक अनुबंध हुआ बाली ने स्पष्ट किया उसे स्वर्ण में कोई विशेष रुचि नहीं।

रावण ने व्यापारिक संधि करके स्वर्ण प्राप्ति के अनुबंध किए। इस तरह रावण ने स्वर्ण लंका ले जाने की व्यवस्था की। आगे चल कर मंदोदरी के पिता मयासुर जो कि श्रेष्ठ शिल्पकार, वास्तुकार थे उनसे लंका, अपने महल एवं लंका नगरी को स्वर्ण निर्मित लंका बनवायी। यह सब देखकर मंदोदरी सोचती थी किस तरफ से दशानन वीर, महत्त्वाकांक्षी, प्रबल इच्छा शक्ति, कलाप्रिय आदि गुणों से संपन्न है साथ ही ज्ञानी भी है। कुमार तंत्र, शिवतांडव रावण संहिता की रचना भी की है। दैत्य, दानव, असुर ना जाने कितनी पिछड़ी जंगली जनजातियों को संगठित करके राक्षस जाति की संस्कृति का निर्माण भी किया है। लंका में फिर से राक्षस राज्य को स्थापित भी किया है। उसे दशानन, लंकेश, लंकापति कहते है। महादेव ने स्वतः रावण नाम की उपाधि प्रदान की है। वहीं दूसरी ओर वो हत्यारा, कामुक भी अपने राज्य विस्तार तथा बदले की भावना में देव, ब्राह्मण, ऋषियों, तपस्वियों तथा शनि, वरूण, यम तक को पराजित किया है। उन्हें तो ब्रह्मदेव ने गुरू रूप में रावण से कहकर समय-समय पर मुक्त करवाया है। तभी मंदोदरी को गुप्तचरों से बाली से हुई हार की वार्ता तथा सहस्त्रार्जुन के बंदीगृह से पितामह पौलस्त्य द्वारा मुक्त करवाने की खबरें प्राप्त होती हैं।

इस बार भी रावण लम्बे समय पश्चात लंका लौटा था। पर इस बार आते ही सीधे वह मंदोदरी के महल में जाता है। मंदोदरी उसके आते ही, उठ खड़ी होती है, कुछ बोलती, उससे पहले ही रावण कहता है, ‘‘मंदोदरी बैठ मेरे पास बस अब और युद्ध नहीं।’’

मंदोदरी खुशी से कहती है, ‘‘उचित है स्वामी। आपने अब तक

बहुत नाम कमाया, धन कमाया अब उसका उपभोग करिए। विश्राम भी जरूरी है आपने जो 'रूद्रविणा' की खोज की उसे बजाकर शिवसाधना में मन लगाइये।''

रावण कुछ समय वहाँ बिताता है फिर अपने रंगमहल में मदिरा व सुंदरियों में हमेशा की तरह डूब जाता है। मंदोदरी का स्वास्थ्य दिन ब दिन खराब होता जा रहा था। उसे अकेले बैठे-बैठे अचानक शूर्पणखा की याद आती है।

शूर्पणखा पाताललोक में अपने पति विद्युतजिव्हा के साथ खुश थी। प्रसन्नता से अपना वैवाहिक जीवन बिता रही थी। एक बार रावण त्रिलोक विजय के उद्देश्य से पाताल लोक गया वहाँ के कई राजाओं को हराया सुनकर मंदोदरी धन्य धन्य हो रही थी। सोच रही थी। सच स्वामी की तुलना किसी से नहीं हो सकती।

तभी शूर्पणखा रोते, चिल्लाते, विलाप करते मंदोदरी के महल में आयी...

''मंदोदरी... दशग्रीवा ने... मेरा सर्वस्व उजाड़ दिया। मुझे विधवा बना दिया। उस राक्षस ने तेरे पति ने। मेरा सर्वस्व उजाड़ने वाले को कभी... सुख नहीं मिलेगा।''

''शूर्पणखा मुझे कुछ समझ में नहीं आ रहा है।''

''पाताल लोक में दशानन आया... और मंदोदरी तेरे पति ने विद्युतजिव्हा का आव्हान किया। क्या? तुम लोगों को? अपने ही रिश्तेदार को? बहनोई को?''

''हाँ, मंदोदरी हाँ।'' दशानन ने कहा, ''मुझे त्रिखंड का स्वामी बनना है। सारे राज्यों पर विजय प्राप्त करनी है दशानन ने यह सूचना, अपने दूत द्वारा भेजी थी। सूचना मिलते ही विद्युतजिव्हा, रावण से मिलने को गया। और उसे विनम्रता से समझाया। कहा हम तो आपके अपने ही रिश्तेदार है।''

''बहन का राज्य, यानी आपका ही राज्य हुआ ना! लंकेश।''

''नहीं।''

"तुम मेरी अधिनता स्वीकार करो। और कहो। मै, पराजित हुआ।"

तब मेरे पति ने फिर से कहा, "लंकापति, इसकी क्या आवश्यकता है! लंकापति आपकी महत्वकांक्षा, पराक्रम, यश, वैभव सभी कुछ सराहनीय है।"

"फिर।"

"अपनो से ये कैसी... उम्मीद... क्यों।"

"फिर भी तेरा पति, लंकेश नहीं माना, युद्ध का आव्हान ललकारते हुए किया... और मेरा पति युद्ध में मारा गया... ये सब दशानन ने किया कहकर शूर्पणखा फिर से रोने लगी और बोली,

"मंदोदरी मैं शूर्पणखा उसी की बहन हूँ। ध्यान में रखना, उसने मेरा दांपत्य सुख जलाकर राख किया है। वह भी कभी सुखी नहीं होगा।"

मंदोदरी, इस घटना को सुनकर हतप्रभ हो गई विचलित होकर बोली, "शूर्पणखा, मैं दशानन की ओर से तुझसे क्षमा माँगती हूँ। दशानन का यह अपराध अक्षम्य है। फिर भी तू शांत हो कर विश्राम कर। दशानन के आते ही, मैं उससे तुझे राज्य दिलवाऊँगी तू स्वतः वहाँ राज्य करना, सुख से रहना।"

"पर मंदोदरी। इससे मुझे मेरा पति मिलेगा? नहीं ना? मैं भी राक्षस वंश की हूँ ये जरूर याद रखना।"

इतना कह कर शूर्पणखा महल के दूसरे कक्ष में विश्राम करने चली गयी। कुछ दिनों के पश्चात रावण लंका लौट कर आया। उसके आने की खबर मंदोदरी को हो गई। पर मंदोदरी सदा की तरह उसके बाहर से लौटने पर स्वागत करने को नहीं गयी।

तब रावण वहाँ आया और कुछ नाराजगी से बोला, "मंदोदरी इतनी लम्बी अवधि के बाद आया हूँ। लगा था तू स्वागत करने आयेगी। पर तू!"

"स्वागत!"

"कैसा स्वागत?"

"बहन के पति का वध करके आने वाले का स्वागत। उसे विधवा

बनाने वाले का स्वागत!''

उसी समय शूर्पणखा भी वहाँ आ गई। और क्रोध से फुफकारते हुए बोली, ''दशानन, दुष्ट तूने मेरे पति का वध किया है। क्या यही राक्षस संस्कृति का विचार है। क्या राज्य विस्तार के लिए अपनों का वध यह राक्षस धर्म है? क्या है? तेरी नीतिअनीति की परिभाषा।''

और जोर-जोर से विलाप करते हुए बोली, ''दशानन तू भी एक दिन इसी तरह दुःखी होगा। तेरा विनाश, तेरी लंका का विनाश तू देखेगा।''

तब मंदोदरी ने उसे समझा बुझाकर किसी तरह दूसरे कक्ष में भिजवा दिया।

मंदोदरी ने रावण को समझाया, 'स्वामी आज तक आपने जो किया उसमें आपकी जय-पराजय, मानहानि उसमें मैं भी शामिल हूँ। वह सब मेरा भी है, ना! अतः आपके द्वारा शुर्पणखा का जो हाल हुआ, उसके लिए लंका से दूर प्रदेश का राज्य उसे देकर उसे प्रसन्न करे। आपकी प्रतिष्ठा के अनुकूल उसे सेना, संरक्षण देकर लंका से भेज दीजिये। इससे उसके मन की मत्सरता कम होगी तथा उसे कुछ शान्ति भी होगी।''

रावण को, मंदोदरी की ये सलाह उचित लगी। रावण ने उसे, दण्डकारण्य का आधिपत्य देकर 4,000 राक्षस सैनिक देकर तथा खर, दूषण नामक अपने मौसेरे भाईयों को उसका संरक्षक बनाकर शूर्पणखा को वहाँ के राज्य का आधिपत्य देकर वहाँ भेज दिया।

अपने गुप्तचर अंकपन द्वारा वो समय-समय पर वहाँ की खबरें प्राप्त कर लेता था। इधर शूर्पणखा के जाने के बाद, रावण ने काफी हद तक राज्य का कार्यभार मेघनाद (इन्द्रजीत) को सौंप दिया था।

दशानन अब अपना समय रूद्रवीणा बजाने में तथा रंगमहल में अन्य राज्यों से जीत के बाद लायी महिलाओं के साथ समय व्यतीत करता था। दशानन के रंगमहल में लुटकर, छिनकर लायी महिलाओं के विरह रूदन की सारी खबरें मंदोदरी को गुप्तचरों से पता चलती रहती थी। विभीषण और मंदोदरी ने कई बार रावण को समझाने का प्रयास किया, उस प्रयास में

कितनी ही बार वे दोनों अपमानित हुए थे।

विभीषण तो कईयो बार नीति की बातों की वजह से राज्य सभा में भी अपमानित होना पड़ा था। इस वजह से विभीषण ने कई बार मंदोदरी के सामने अपना दुःख भी प्रगट किया। इन्द्रजीत ये सब देखता समझ रहा था तथा अपने पिता से असहमति व्यक्त करता था। फिर राक्षस धर्म की दुहाई देने लगता था। वह अपनी अघोरी सिद्धियों को सिद्ध करने में लगा रहता था। हाँ, उसकी खास बात थी कि वह सुलोचना से बहुत प्रेम करता था। पत्नी व्रती ही था। इन्द्रजीत की पत्नी भी पतिव्रता, समर्पित, सदविचारी थी। एक अच्छी पत्नी व स्नुषा ही थी वह उसको याद करके मंदोदरी का हृदय बैचेन हो रहा था।

तभी उसे आँधी की तरह शूर्पणखा का लंका में पुनः रोते बिलखते आना याद आया, इस बार वह नाक व कान काटे जाने से रोती बिलखती आयी थी। मंदोदरी से बोली, "देख मेरी हालत मुझे न्याय चाहिए। जिसने मेरी ये हालत की उसकी मृत्यु तथा जिसकी वजह से मेरी यह हालत हुई उसकी भी नाक काटी जाए या दण्ड दिया जाए। मेरा नाम शूर्पणखा याने की तीखे नैन, नाक, नक्शे वाली, वह मेरी सुंदरता थी उसे असुंदर कर दिया। उस वनवासी राजपुत्र ने।"

तब मंदोदरी बोली, "शूर्पणखा तुम परेशान मत हो तुम्हारे तीनों भाई अवश्य उचित कार्यवाही करेंगे। अभी तुम वैद्य से दवाई लो आराम करो।"

कहकर मंदोदरी ने उसे प्यार से दूसरे कक्ष में लेजा कर लिटाया, स्वतः उसकी सेवा में उसके माथे पर प्रेम से हाथ फेर रही थी। और दासियों को उसकी सेवा करने को कहकर वापस अपने कक्ष में आ गई।

सोचने लगी ये क्या है? नियति का खेल फिर से। मंदोदरी विचार करते हुए अपनी मानस पुत्री वेदवती के विचारों में पहुँच गई... कैसे मानसपुत्री उस दिन अपने प्रिय प्रभु विष्णु जी की मूर्ति पूजा में लीन थी। उसके नेत्र बंद थे वह ध्यान में लीन थी।

रावण अचानक उसके कक्ष में पहुँचा अपनी वासना से ज्वलित होकर

और पीछे से वेदवती को पकड़ लिया था। वो चिल्लायी, "तात, पिताजी ये क्या है! आपको इतना भी होश नहीं है, की मैं आपकी पुत्री हूँ।"

"कैसी पुत्री! पाली हुई कन्या हो।"

तब तक वहाँ से दौड़कर, उसकी दासी ने रावण का कृत्य सुनाया... मैं दौड़कर वहाँ गई। कहा, "दशानन उसे छोड़ दो वरना आज तुम इस मंदोदरी की लंका की महारानी की क्षमता को देखोगे।"

मेरे उस रौद्र रूप से दशानन ने उसे छोड़ दिया। वेदवती को लेकर मैं अपने कक्ष में आई, वो छोटे बच्चे की तरह मुझसे लिपट गई थी।

बोली, "माँ, अब मैं यहाँ नहीं रहूँगी। मेरा यहाँ अब रहना उचित नहीं है।"

मैंने कहा, "बेटी यहाँ तो एक दशानन, बाहर तो ना जाने...फिर जैसा राजा वैसी प्रजा। तू तो सब देखती ही है।"

पर वह नहीं मानी। चली गई। फिर उसके बारे में मुझे कुछ भी पता नहीं था।

इस घटना के बाद दशानन भी कुछ लम्बे समय तक लंका के बाहर ही था। और वह आने पर जो हुआ, वो भी चौंकाने वाला ही था। उस उपहार सहित वह फिर अकेले ही लंका से बाहर अपने पुष्पक से कहीं गया था। उस फूलों की सुन्दर टोकरी का उसने कहाँ से क्या किया किसी को नहीं पता। टोकरी को नष्ट किया या नदी, समुद्र में फेंक दिया या जमीन में गाड़ दिया कुछ पता नहीं।

मानसपुत्री की घटना से इन्द्रजीत, सुलोचना, विभीषण सरमा तथा राज्यसभा के माल्यवान मंत्री को भी झकझोर कर रख दिया था। दशानन की इस हरकत से मैं मंदोदरी इतनी शर्मिन्दा थी कि मानों मैंने ही कुछ अपराध किया हो। दबी जुबान से धर्म कन्या की चर्चा दास, दासियों तथा कुछ हद तक लंका के नगर वासियों में भी हो गई थी।

रावण के लौटने पर, रावण ये समझ चुका था कि उसके खिलाफ कभी भी कोई विद्रोह, षडयन्त्र रचा जा सकता है। इसलिए वो अपने में

कुछ सुधार करके अपने महल में रहने लगा। तथा रंगमहल में भी समय व्यतीत करता था। इसी बीच शूर्पणखा ने अचानक आकर हाहाकार मचाया, रोते कलपते राज्यसभा में न्याय प्राप्ति की गुहार लगाई। बोली, "दशानन तू तो मेरा भाई है तूने पहले मेरे पति का वध कर दिया फिर मुझे दण्डकारण्य में खर, दुषण के साथ भेज दिया वहाँ मैंने तेरा राक्षस धर्म प्रचारित किया और वन में ही मैं वन विहार करती रही। और आज देख तेरी इसी तीखे नाक-नक्शे वाली, सुंदरी बहन को विद्रुप बना दिया उन दो वनवासीयो ने, अयोध्या के राज पुत्रों ने।"

उस समय रावण ने उसे कहा, "जरूर तेरी बातों को जानने की कोशिश करूँगा, तेरे साथ न्याय भी करूँगा। अभी तू महल में जाकर विश्राम कर बहन। अभी तो तुझे विश्राम की आवश्यकता है।"

शूर्पणखा फिर से अपने विश्राम कक्ष में विश्राम करने पहुंची तब मंदोदरी उसके पास गयी, "बोली थोड़ा धैर्य रखो, शूर्पणखा सब ठीक होगा"

"क्या ठीक होगा। तीनों भाई अपने आप में मगन है। किसी को फुरसत नहीं है इस बहन के लिये। बड़ा भाई, तेरा पति अहंकारी है। त्रिलोकी बनने और राज्य विस्तार में लगा रहता है। दूसरा भाई कुंभकर्ण तो खाने और सोने में लीन रहने के लिये ही पैदा हुआ है। तीसरा विभीषण, जो कि विद्वान, धर्मशास्त्र, धर्मज्ञाता, पूजा पाठ करने में व्यस्त रहता है।"

तब मंदोदरी ने कहा, "शूर्पणखा ऐसा कहना उचित नहीं। समय रहते सभी तुमसे मिलेंगे। चर्चा करेंगे।"

इस समय मंदोदरी को शूर्पणखा में द्वेष, ईर्ष्या, अपमान, कुंठित महिला दिखी उससे ज्यादा बात करना, इस समय मंदोदरी को उचित नहीं लगा। वह फिर अपने महल में आ गई।

कुछ समय बाद वहाँ विभीषण और सरमा भी उससे मिलने आये। विभीषण ने कहा, "शूर्पणखा तू जो दण्डकारण्य में कर रही थी, वह क्या था! उन आदिवासियों के साथ, क्रूरता से कपट पूर्वक व्यवहार करके उनको

खा जाती थी। कितने अत्याचार किये तूने पंचवटी में तब।''

तड़पकर, शूर्पणखा बोली, ''विभीषण अरे ओ ज्ञानी, तू तो यहाँ से जा। तू कभी राक्षस धर्म को मानता ही नहीं था। तेरा काम पूजा पाठ, धर्म, नैतिकता, देवों के बने धर्म को मानने वाला हैं। तब तू मेरी तकलीफ क्या समझेगा! जा, किसी मंदिर में जाकर पूजा पाठ कर और अपनी सरमा को भी साथ लेकर जा ताकि वो तेरी पूजा पाठ की सहायक बनेगी।''

इतना कहकर शूर्पणखा करवट लेकर विभीषण की ओर पीठ करके सो गई। फिर कुछ समय बाद कुंभकर्ण और उसकी पत्नी ब्रजबाला भी उससे मिलने आए। उनसे भी भाई बहन की कुछ ऐसी ही बाते हुई। उनके बाद इन्द्रजीत, सुलोचना भी उसको मिलने आए।

इन्द्रजीत ने कहा, ''बुआ, तुम निश्चिंत होकर पहले ठीक हो जाओ। तात, जरूर कुछ न कुछ न्याय करेंगे। तुम उन पर पूर्णतया विश्वास करो। इस तरह शूर्पणखा से लंका के परिचित भी उससे मिलने आए।

अन्त में दशानन उसके कमरे में गया। बोला, ''शूर्पणखा।''

तभी शूर्पणखा जोर-जोर से रोने लगी। रावण ने सभी को महल से बाहर जाने को कहा। वहाँ सिर्फ रावण और शूर्पणखा उस कक्ष में रह गये। तब दशानन ने कहा, ''शूर्पणखा, तुझे इतनी चोट नहीं लगी है। ना ही कोई बड़ा घाव हुआ है। ये चोट तुझे मानसिक आघात पहुँचाने के लिये किया गया है। क्योंकि चोट साधारण है।'' दशानन ने आगे कहा, ''शूर्पणखा वैसे तो मुझे मेरे गुप्तचरों से उस प्रदेश की सारी जानकारी प्राप्त हो गई है। पर फिर भी मैं तेरे मुख से भी सत्य सुनना चाहता हूँ।''

तब शूर्पणखा बोली, ''मैं अपने प्रदेश में घूम रही थी। किसी ने बतलाया कि कोई राक्षस प्रदेश में यज्ञभूमि की तैयारी कर रहा है। वहीं देखने मैं वहाँ गई। वहाँ मुझे दो युवक दिखाई दिए। उनसे मैंने उनका परिचय पूछा उन्होंने बतलाया कि वे अयोध्या के युवराज है। उनका नाम राम, लक्ष्मण है तब मैंने उनसे विवाह की याचना की।''

तभी दशानन ने कहा, ''शुर्पणखा, तू उनसे उम्र में बड़ी होने पर भी,

तूने उनसे विवाह करने के बारे में पूछा! आश्चर्य हो रहा है कोई अपने छोटे उम्र का पुरूष अपने से बड़ी उम्र की महिला के साथ विवाह करने को कैसे तैयार होगा दूसरी बात तू ये जानती है कि आर्य पुरूष अनार्य स्त्री से कभी विवाह नहीं करते है।''

''दशानन, तू जो कह रहा है वो बिलकुल ठीक है। पर मैं भी तो राक्षस धर्म की हूँ ना। मैं उन दोनों पर मोहित हो गई थी। मैंने दोनों से काम याचना भी की, विवाह प्रस्ताव भी रखा था।''

तब रावण ने थोड़ा नाराजगी से कहा, ''तभी तुझे थोड़ी-सी सजा मिली। उनके शस्त्रों ने नाक, कान को स्पर्श करके छिल सा दिया तुझे मानसिक कष्ट देने के लिए। तब इतना कष्ट क्यूं हो रहा है?''

तब क्रोध से शूर्पणखा बोली, ''वाह बंधू वह तूने तो कमाल ही कर दिया। पहले तूने मेरे पति को मार डाला। फिर मुझे अपने से दूर आदिवासी, जंगली-जनजातियों के दण्डकारण्य का राज्य सौंपा वहाँ, मैंने तेरे राक्षस राज्य को स्थापित किया फिर इन राजकुमारों से प्रणय निवेदन किया, तो क्या हो गया। तू लंकापति होकर, जिन-जिन राज्यों पर अपना आधिपत्य जमाता गया तथा राज्यों को जीतता गया, उन राज्यों से कितनी ही सुंदर देव, दानव, असुरों की लडकियों को लाकर अपने रंगमहल में रखकर उनके साथ..क्या वे सब अपनी मर्जी से तुझे शरीर सुख दे रही थी या दे रही है? नहीं ना? फिर इन बातों के बारे में बातें करना या मुझे दोष देना व्यर्थ ही है। और ये बाते जाने दे। आगे की घटना सुन, उन्होंने मुझसे मेरा परिचय पूछा। मैंने कहा मेरा नाम शूर्पणखा, मैं लंकापति लंकेश्वर, त्रिभुवन विजेता रावण की बहन हूँ। यह सुनने के बाद ही उन्होंने मुझे ये आघात पहुँचाया है। अब तू ही बता, ये तेरा अपमान है! या नहीं! या, ये मेरा अपमान है! और मेरे भाई, ये भी सब जाने दे। उनके साथ राम की पत्नी सीता भी वन में साथ है। वो सीता तो अनिंद्य सुंदरी है। तेरी एक भी रानी, उसके समान सुंदर नहीं है। वह एक त्रिभुवन सुंदरी है। दशानन यदि वो सुदरी सीता तुझे मिल जाए तो, तू त्रिभुवन विजेता, त्रिभुवन सुंदरी का भी स्वामी बन जायेगा। उन दो वनवासी राजकुमारों से सीता को छिनना तुझे कठिन लग

रहा है! क्या?''

इस वार्तालाप से रावण के अंतरमन में सोयी कामुकता फिर जाग-सी गयी। वह बोला, ''शूर्पणखा मैं त्रिभुवन विजेता, देवों, दानवों, यक्षों, नागों, पाताल पर विजय पाने वाला हूँ मेरे लिये कुछ भी असंभव नहीं है।''

अहंकार में भरकर वह बोला, ''ठीक है, शूर्पणखा युद्ध करके सीता को ले आऊँगा।''

तब शूर्पणखा बोली, ''नहीं राजन, अभी-अभी 14-15 हजार सैनिक, मेरे खर, दुषण (मौसेर) भाई मारे गये है। फिर तू इतनी जन हानि, सैन्य हानि क्यूं करेगा। तू तो भाई सीता का अपहरण करके ले आना। इससे उन दोनो दुष्ट राजकुमारों को भी सजा मिल जाएगी।''

''वह कैसे? शूर्पणखा!''

तब शूर्पणखा ने कहा, ''वह उत्तर से दक्षिण तक आएंगे ही नहीं और आ ही गये तो समुद्र तट पर बैठे रहेंगे। लंका तक आने का कोई मार्ग उनके पास नहीं होगा।''

इसके बाद रावण ने शूर्पणखा को आराम करने को कहा तथा उसकी सलाह-योजना पर सीता को अपहरण करके लंका लाने की बात पर ध्यान दिया तथा सीता अपहरण से उसके पति राम और सीता के देवर लक्ष्मण को भी सजा मिलने की बात पर विचार किया।

विचार करने पर उसने 'सीता अपहरण' की योजना को अपनी राज्यसभा में सबके सामने प्रस्तुत किया। रावण के प्रस्ताव पर उसके अधिकांश चाटुकार राज्यमन्त्री, जो कि उसी के पद चिन्हों पर चल रहे थे। उन्होंने उसका समर्थन किया तथा रावण की अपहरण योजना पर जय-जय कार के नारे लगाये।

इसके बाद विभीषण ने राज्य सभा में खड़े होकर 'सीता अपहरण' को अनुचित बताकर कहा- ''राजन, ये धर्मविरूद्ध है। क्योंकि उस महिला का कोई दोष नहीं होने पर, उसका अपहरण करना उसे यहाँ लेकर आना एक तरह से आर्यो को चुनौती देना होगा।''

विभीषण की तर्क संगति पर उनका मुख्यमंत्री जो कि रिश्ते से उनके नाना सुमाली का भाई व सबसे बुजुर्ग भी था। वह विभीषण से पूर्णतया सहमत था। उसने भी विभीषण की बात को स्वीकृति दी थी।

इस घटना से रावण चीढ़ गया और उसने विभीषण को उसी क्षण वहाँ से चले जाने को कहते हुए कहा यदि वह भाई नहीं होता तो उसका सिर उसी क्षण धड़ से अलग कर देता।

विभीषण दरबार से अपमानित, दुःखी सीधा मंदोदरी के पास उसके महल में जाता है और उसे राज्यसभा में घटित घटना को विस्तार से बताते हुए कहता है, "भाभी, ये तो अपमान की पराकाष्टा हो गई। मंदोदरी को आज भी उस क्षण की याद आती है और उसे याद आता है अपना कथन– वह कहती है विभीषण मैं तो पूरा जीवन दशानन के साथ ज्वालामुखी पर बैठी रही, उसमें से निकलता लावा जो ज्यों बहता रहता है वैसे उसकी ऊष्मा ही बनी रही, सहती रही मुझे तो हमेशा लगता रहा ये महारानी का लंकेश्वरी का पद जलता हुआ दीपशिखाओं का एक घर बना है। उसमें से जो दीप ज्वाला निकलती है। वे मेरे जीवन में आने वाली घटनाएँ है।"

इतना कहकर विभीषण को ढाढस बंधाते हुए कहती है, "देखो कुछ न कुछ तो हम मिलकर करेंगे और थोड़ा रूको, धैर्य रखों।"

उधर रावण, सीता के काल्पनिक सौन्दर्य और उसे पाने की योजना में बैचेन हो उठा था। शुर्पणखा के पास जाकर पूछता है, "शूर्पणखा तुझे राम, लक्ष्मण सीता के वास्तव्य की जगह याद है।"

शूर्पणखा ने तुरंत 'हाँ' कहा। बताया, "ब्रह्मगिरी पर्वत के पास गोदावरी नदी के तट पर अपना जो राक्षस भवन बना है। उसकी उत्तर दिशा की ओर है। वही घास–फूस की कुटिया बना कर राम उसकी पत्नी सीता और भाई लक्ष्मण रहते हैं। उसने कुछ दूरी पर गरूड़ जाति की बस्तियाँ भी हैं तथा कुछ आदिवासी जातियाँ भी वहाँ झुण्ड बना कर रहते हैं।"

ये जानकारी प्राप्त करके रावण ने अकेले ही पंचवटी जाने की योजना बनाई तथा शूर्पणखा से इस बारे में चर्चा की तब चर्चा के दौरान शूर्पणखा ने

मारिची मामा का उल्लेख किया जो कि रिश्ते में दूर का मामा लगता था। उसे जानवरों की बोली तथा जानवरों का रूप धारण करने की कला आती है। ये सारी जानकारी उसे माता कैकसी से उनकी मृत्यु से पहले चर्चा करते समय पता चली थी।

रावण ने तुरंत मामा मारिची को बुलवाया तथा उसे सीताहरण की अपनी योजना बतलायी। मामा मारिची ने उसे पहले मना किया फिर वह उस योजना में शामिल हो गया।

रावण सर्वप्रथम मारिची को लेकर, पुष्पक द्वारा दण्डकारण्य वन में बने राक्षस भवन में गया वहाँ मामा के साथ सीताहरण की चर्चा करके योजना को क्रियान्वित किया। मामा स्वर्ण हिरण बनकर राम सीता की कुटिया के सामने तृण भक्षण करता रहा। सीता का ध्यान जैसे ही उस स्वर्ण मृग पर गया वह मोहित, मुग्ध होकर उसे देखती रही तब राम ने पूछा, ‘‘सीता क्या देख रही हो।’’

‘‘स्वामी वो स्वर्ण मृग देख रही हूँ। काश उसे में अपनी कुटिया में पाल लेती।’’

तब राम ने कहा, ‘‘यह मृग छोटा और कुछ अलग ही दिख रहा है।’’

‘‘नहीं नाथ मुझे तो...’’

तब राम ने कहा, ‘‘ठीक है मैं उसे पकड़कर लाता हूँ। नहीं पकड़ा गया तो मार कर लाता हूँ।

इतना कहकर राम ने लक्ष्मण से सीता का ध्यान व सुरक्षा करने को कहा और स्वतः उस स्वर्ण मृग को पकड़ने का प्रयास किया। वह मायावी मृग राम को कुटिया से बहुत दूर ले गया तब राम ने उसे तीर मारा। तीर लगते ही मारिची अपने असली रूप में आ गया और राम की आवाज में लक्ष्मण को पुकारने लगा।

लक्ष्मण और सीता उस प्रतिध्वनि को सुन रहे थे। जब पुकारने का स्वर लगातार आने लगा तब सीता ने कहा, ‘‘लक्ष्मण तुम्हें अपने भाई की

सहायता करने जाना चाहिए।''

लक्ष्मण ने कहा, ''भाभी ये कुछ षडयंत्र लग रहा है राक्षसों का।''

पर सीता ने आदेश देकर कहा, ''नहीं तुम्हें राम की सौंगन्ध है। तुम्हें जाना होगा।''

लक्ष्मण ने सीता को फिर से समझाया कि भाभी, राम भय्या स्वतः सबल है। वे मुझे पुकार ही नहीं सकते।

तब सीता ने लक्ष्मण की निर्भत्सना करते हुए, उसे राम के पास जहाँ से आवाज आ रही वहाँ भेजा। लक्ष्मण ने अपनी विशेष शक्ति-बाण से एक रेखा खींची। और कहा, ''भाभी, आप इस रेखा को पार नहीं करना ना ही इस रेखा के बाहर जाना। ये लक्ष्मण रेखा है।''

सीता ने इसे स्वीकृति दी।

लक्ष्मण, उस ओर चले गए जहाँ से आवाज आ रही थी। उसी समय रावण जो वहीं एक घने वृक्ष पर छिपा बैठा था। सीता के सामने आया और बोला, ''मैं त्रिकाल दर्शी, प्यासा तुम्हारी कुटिया के सामने आया हूँ। वृद्ध ब्राह्मण हूँ। हो सके तो प्यास...''

सीता को लगा पानी तो माँगने पर शत्रु को भी दिया जाता है ना। फिर इस वृद्ध ब्राह्मण को दे ही दूं। राम को गए काफी समय हो गया है, इन्हीं विचारों में वो लक्ष्मण रेखा पार करके पानी का बड़ा-सा बर्तन लेकर गई। यहीं उसको रावण ने कंधे पर डाला और दूर खड़े पुष्पक विमान में पटकसा दिया। सीता आक्रोश करती रही। 'राम बचाओ। लक्ष्मण बचाओ।' लेकिन यहाँ सीता का स्वर प्रतिध्वनित नहीं हो रहा था। सीता लगातार चिल्ला रही थी।

उसकी आवाज से जटायू टोली के मुखिया ने रावण से काफी युद्ध किया। पर वह काफी घायल होकर, धरती पर पड़ा रहा। लौटते हुए राम लक्ष्मण को वह घायल बेहोश अवस्था में जमीन पर गिरा हुआ दिखाई दिया। राम लक्ष्मण ने उसे वही कहीं से पानी लाकर छिटका, तब थोड़ा होश में आने पर उसने सीता के अपहरण की घटना सुनाई। फिर उसकी

मृत्यु हो गई। जटायु टोली के अन्य लोगों ने बताया कि सीता को ले जाते समय रावण, जटायु से कह रहा था कि, ''मैं अनार्यो का रक्त बहाना नहीं चाहता हूँ तब जटायु ने कहा था - ''रावण, परस्त्री हरण धर्मविरोधी है। ये सरल सीधी-सी बात तू क्यों नहीं समझता है। तेरे जैसे विचार रखने वाले अनार्यो की वजह से ही आर्य, देव आदि अनार्यो से द्वेष करते है।''

साथ ही उसने शूर्पणखा के काले कारनामों का काला चिट्ठा भी उजागर करके बताया वह यहाँ ना जाने कितने अत्याचार करती थी। कितनों के साथ उसने... बनाये उन्हें या तो मार डाला या खा डाला। लंका तक ये सूचना हम अनार्य तुम्हें कैसे भिजवाते। हमे तो यहाँ राम, लक्ष्मण ने ही आर्य होकर सभ्यता का पाठ पढ़ाया है। वे ही क्षेत्र के सही अर्थों में राजा है। ये सब सुनकर ही रावण ने जटायु को इतना ज्यादा घायल किया कि वह मृत्यु को प्राप्त हुआ्। राम लक्ष्मण ने सभी की बातें सुनी तथा जटायु का अंतिम संस्कार किया।

तभी रावण के मन में खर, दूषण और 14-15 हजार सैनिकों के साथ, राक्षस संस्कृति पर हुए हमले व उनके हारने के कारण वह भी राम लक्ष्मण द्वारा होने से एक प्रतिशोध की भावना ने जन्म लिया। सोचा इन जंगल के वनवासियों की मदद से ऋषियों की मदद से ये दोनों भाई लंका आ सकते हैं। युद्ध भी कर सकते है।

रावण विचार कर रहा था कि समुद्र पार करना वो भी वनवासी सेना के साथ संभव न होगा? इन्ही विचारों में सीता की ओर देखते ही उसके मस्तिष्क में फिर एक सनक जागी। सीता को मन से तैयार करके और भोगने की। सीता लगातार रो रही थी। रो ऽ रो ऊ ऽ कर वह थकीमारी कभी चुप तो कभी सिसकती जा रही थी।

पुष्पक संध्या समय लंका पहुँचा। सूर्यास्त हो ही रहा था। तब ऐसा लग रहा था मानो ये सूर्यास्त लंकापति का, लंका नगरी का और राक्षस कुल का ही अंत की सूचना है।

रावण ने आते ही सीता को अपने रंगमहल के एक भव्य वाटिका में

राक्षसियों के मध्य में रखा तथा स्वतः सीधे शूर्पणखा के पास गया। उससे कहा, "शूर्पणखा सीता का हरण करके ले आया हूँ।"

शूर्पणखा खुश होकर चिल्ला पड़ी... "लंकेश की जय! रावण की जय।"

"भाई, मैं आज बहुत ही प्रसन्न हूँ।" कहकर, अपने भाई के गले लग गई।

रावण बोला, "शूर्पणखा अभी मैं जरा आराम करूँगा।"

तभी मंदोदरी वहाँ आ गई, उसे गुप्तचरों से सारी खबरें पता चल ही रही थी। फिर भी नाटकीय ढंग से बोली, "स्वामी आप कहाँ गये थे। आ गए। आपके वस्त्रों पर ये रक्त कैसा है?"

"युद्ध पर गये थे?

"नहीं। मंदोदरी, राज्य में कुछ त्वरीत कार्य करने पड़ते है ना। चलो, अभी तो मैं विश्राम करूँगा।" इतना कहकर, रावण ने नहाकर, भोजन किया तब मंदोदरी ने कहा – "राजन मुझे पता चला है, आपने सीता का अपहरण किया है। गुप्तचरों से सारी सूचनाएँ प्राप्त करके ही कह रही हूँ। सीता का अपहरण कायरता है। लंकेश के प्रतिष्ठा के अनुकूल नहीं है। सीता को ले तो आए, अब आगे क्या?"

तभी मंदोदरी का स्वर एकदम बदला। उसने कहा, "दशानन, सीता को रंगमहल में नहीं रखना है ना ही उसे... अन्य स्त्रियों की तरह... याद रखों वह एक तपस्वी, पतिव्रता स्त्री है। तुम उसे छल पूर्वक, एक भीरू की तरह लाए। राजन सीता को लाने की खबर लंका में हवा की तरह फैल गई है। यदि तुमने सीता को अशोक वन में नहीं रखा तो मैं महारानी मंदोदरी, इन्द्रजीत, विभीषण, माल्यवान एक साथ विद्रोह करेंगे!"

तभी, इन्द्रजीत ने आकर कहा, "तात आपने एक स्त्री के अपमान का बदला, दूसरी स्त्री से करने का विचार ही कैसे किया। क्योंकि दूसरी स्त्री का दोष कुछ भी नहीं है।" इतना कहकर वह जैसे आया वैसे चला गया।

इसके बाद रावण वहाँ से अपने महल के कक्ष में आया। उसका सिर चकरा रहा था। उसने सोचा इस समय तो सीता को अशोकवन में रखना उचित होगा। उसने सीता को अशोकवन में रखने की व्यवस्था करी।

सीता वैसे ही कभी रोती, कभी चुप्पी साध कर राम–नाम में रत रहती थी। सीता को महिला–राक्षसियों के साथ रथ द्वारा अशोक वन भेज दिया। उन राक्षसी रक्षिकाओं को सख्त आदेश दिया गया था कि वन में सीता को कभी अकेले नहीं रहने दिया जाऐ। दूसरा आदेश दिया की किसी भी पुरूष को मेरे (रावण) के अनुमति के बिना अशोकवन में प्रवेश ना दिया जाए।

उधर मंदोदरी ने इन्द्रजीत के कथन पर अपनी सहज प्रसन्नता व्यक्त की। उस समय मंदोदरी को लगा कुछ अंशों में ही मेरे पुत्र में मेरी उपस्थिति का एहसास हो रहा है।

विभीषण ने कुछ समय बाद आकर सूचना दी– ‘‘महारानी (भाभी) लंकापति ने सीता को अशोक वन में स्त्री सुरक्षा दल के साथ पूरी तरह सुरक्षित रखा है।’’

तब मंदोदरी ने कहा, ‘‘बिभीषण, त्रिजटा जो कि तुम्हारी बेटी है। उच्च स्त्री सुरक्षा दल की उच्च पद की स्वामिनी है। पूर्ण लंका की स्त्री सुरक्षा की शक्ति उसमें निहित है। उसे ही हम सीता की सुरक्षा का उत्तरदायित्व सौंपेगे।’’

इस तरह चर्चा के बाद त्रिजटा को विभीषण ने समझाया कि, ‘‘रावण के सामने तुम सीता के साथ अभद्र भाषा, दुर्व्यवहार करो परंतु अन्य समय उसे धैर्य बंधाने और सहानुभूति से सहायक बनकर उसका दुःख कम करने का प्रयास करे।’’

त्रिजटा ने अशोक वन में युक्तीपूर्वक अपनी कुछ स्त्री सैनिकों को जो कि क्रूर, दुष्ट जानी जाती थी। सीता की सेवा में लगाई तथा स्वतः भी वहीं अधिक से अधिक समय व्यतीत करने का कार्यक्रम बनाये रखा।

रावण बहुत बैचेन होकर, अपने महल से दुविधा में जाग रहा था। उसके मस्तिष्क में एक ओर सीता को कैसे भोगु ये विचार चल रहा था। तो

कभी विषयवासना और प्रेम इन दोनों का विश्लेषण सीता के अति क्रन्दन से अनुभाति हो रहा था।

रावण सोच रहा था – विषयवासना क्षणिक आंनद देती है, पर प्रेम सहवास से बढ़ता है। प्रेम धीरे–धीरे विषय वासना की ओर बढ़ता है।

राम को 14 वर्षों के वनवास में अभी संतान का ना होना ये आध्यात्मिक प्रेम लक्षण है। क्योंकि राम–सीता 13 वर्ष तक साथ होने पर भी अभी तक....। इसका मतलब राम प्रेम की वजह से निश्चित सीता की खोज करने लंका तक पहुँचेंगे ही। लक्ष्मण तो अयोध्या से ही उनके रक्षण के लिये उनके साथ आए हैं। मतलब 'राम–लक्ष्मण' सीता की खोज में जरूर आएंगे।

ये सब सोचते हुए वह सो गया। दूसरे दिन प्रातः सुबह ही स्वतः रथ चलाकर अचानक अशोक वन में पहुँचा वहाँ स्त्री सैन्य दल से सीता का हाल चाल पूछ कर सीता के उस वृक्ष के पास पहुँचा जहाँ सीता ने अपने बैठने का स्थान चुना था। उसी वृक्ष की छाया उसका संसार बन चुकी थी। वहीं वह बैठी रहती, रोती, सोती, राम नाम का जाप करती रहती और बैठे–बैठे ही सो जाती थी।

रावण ने वहाँ जाकर उसे प्रेम से कहा, "सीते, मैं तेरा अपहरण करके लाया हूँ। तुझे तेरी मर्जी से स्वीकारना चाहता हूँ। अन्य स्त्रियों की तरह तुझे अनिच्छा से प्राप्त करना मेरा उद्देश्य नहीं। स्त्रियों का हरण करना और उनसे विवाह करना, यह राक्षस विवाह राक्षस धर्म में मान्य है। अतः हम राक्षसों का तो धर्म ही है।"

तब सीता ने चीखते हुए कहा, "नीच, दुष्ट मुझे धर्म की बातें सिखाने वाले तुझे अब तो भी सुबुद्धि होने दे... तू मुझे सम्मान से राम को वापस कर दे प्रभु राम तुझे माफ कर देंगे।"

यह सुनकर रावण ने उसके सामने हीरे, मोती, रत्नों से आच्छादित अलंकारों से भरी स्वर्ण मंजुषा रखते हुए कहा, "जनक नंदिनी ये अलंकार देख। ये सिर्फ सारे संसार में मेरे ही पास है। ये सब मैं तुझे समर्पित करूँगा। बस तू स्वतः..."

इतना सुनते ही सीता ने डपटते, झिड़कारते हुए कहा, ''अरे ओ नराधम, तेरे साथ तेरी लंका का विनाश होना निश्चित है। राम यहाँ जरूर आएंगे। अब तू उन्हीं का इंतजार कर। और मुझे देना ही है तो एक तलवार दे। ताकि तेरा सिर धड़ से अलग कर सकूँ ।''

तब रावण ने क्रोध से दाँत पीसते हुए कहा, ''तू अभी मेरी दया पर जीवित है। मेरे घर में मुझ पर चिल्ला रही है।''

''मूर्ख रावण, मुझ पर दया मत दिखा। मैं धर्मप्राण राम की पत्नी, अयोध्या के राजा की बहू तथा जनक की कन्या हूँ। तेरा ये असभ्य व्यवहार! तुझे तो मैं क्षण भर में भस्म कर सकती हूँ। पर मैं विवेकी प्रभु श्रीराम की पत्नी मर्यादा पुरूषोत्तम की प्रिया...। तू यहाँ से चलता बन, राम आते ही होंगे।''

इसके बाद रावण वहाँ से चला गया। तब राक्षसी सैन्य-स्त्रियाँ उसे धमका रही, डरा रही थी। उसके व्यवहार पर चकित हो रही थी। त्रिजटा ने कहा, अब तुम सभी सैन्य बल की स्त्रियाँ विश्राम करों। मुझे ही सीता से निपटने दो, मैं ही उसे तैयार करती हूँ। कैसे वो रावणाधीन नहीं होती है।

इसी तरह सभी महिलाओं को सीता से दूर भेजकर, त्रिजटा बोली, ''सीता मैं त्रिजटा रावण के छोटे भाई विभीषण की बेटी तथा रावण की पटरानी मंदोदरी की गुप्त संरचना की मुखिया हूँ। रावण सेना की खासकर महिला सैन्य दल की उच्च पदस्थ अधिकारी भी हूँ। पर सही मायने में मुझे महारानी और विभीषण ने तुम्हारी संरक्षिका के रूप में कार्य करने को कहा है। अतः तुम निडर होकर रहों, तुम्हारा ध्यान में रखूंगी। राक्षस राजा रावण के सामने दिखावे के लिए कुछ क्रूरता, छलकपट करूँगी। आप उम्र में मुझसे बड़ी हो, अतः माते, मेरी स्थिति को समझकर मुझे क्षमा करना। महारानी मंदोदरी स्वतः आपसे मिलने आयेंगी। वह आपको लेकर चिन्तित है।''

सीता ये सुनकर, कुछ हद तक संभल गयी। उसे लगा, लंका में कोई तो है जो मेरा ध्यान रख रहा है। त्रिजटा ने आगे ये भी कहा कि, मेरे पिता

विभीषण तो रामभक्त है ही।''

रावण ने सीता अपहरण के बाद आगे योजना क्या होनी चाहिए, इस विषय को राज्यसभा में रखा। अधिकांश राज्यसभा के मंत्रियों ने राम यदि आते है, तो युद्ध करने के लिये तैयार रहने व युद्ध करने के विचार प्रगट किए।

सिर्फ विभीषण ने ही उसे धर्मविरूद्ध कहा तथा यह भी कहा की, ''यह सीता अपहरण लंकेश तुम्हारे आज तक की कीर्ति, यश और अंहकार को नष्ट कर देगा। मेरा तो अभी भी यही विचार है कि सीता को सादर, राम के पास लौटा दिया जाए और क्षमा माँग ली जाए।''

रावण ये सुनते ही जोर से गरजा, ''विभीषण अपने धर्म को कायरता से मत जोड़। तुझे तो मैं स्वतः राज्यसभा से निष्कासित कर रहा हूँ और अब कभी ना आने का आदेश देता हूँ।''

''ठीक है'' कहकर विभीषण उसी क्षण राज्य सभा से उठकर अपने घर (महल) पर पहुँचा और अपनी पत्नी से कहा, ''सरमा, अब तो अति हो गई। कुछ तो करना ही होगा।''

वे दोनों इसी विचार, सोच में थे। तभी मंदोदरी वहाँ आयी।

''अरे भाभी आप। हमें ही बुलवा लिया होता। भाभी, मैं तो स्वतः ही आने वाला था।''

मंदोदरी ने कहा, ''विभीषण, दशानन जब से सीता को लेकर आए... दशानन के चेहरे पर बहन के अपमान का बदला लेने की भावना दिखाई नहीं देती। उल्टे सीता को लंका लाने के बाद... हमेशा की तरह विजय होकर, अनेक सुंदरियों का जो हरण किया वो हम सभी जानते है। उसमे कुछ भी झूठ नहीं। वे सभी स्त्रियां अपने मन से तो लंकेश को समर्पित करती नहीं हैं। उन्हें साम, दाम, दण्ड के साथ बलपूर्वक... उन स्त्रियों की चीत्कार, रूदन, आक्रोश के स्वर, पूरी लंका में फैल रहे हैं। पर हमारे मंत्रियों सामंतों को ये दिखता नहीं। लेकिन जिस दिन ये उग्र रूप धारण करेगा, बहुत बड़ा विनाश होगा। लगता है ये विनाश सीता के रूप में हो।''

यह कहकर मंदोदरी कुछ देर चुप रही।

फिर बोली, ''विभीषण अब हमें ही कदम उठाना होगा। सर्व प्रथम मैं सीता से मिलन चाहती हूँ। तुम त्रिजटा से कहकर, मेरी भेंट का समय सुनिश्चित करो।''

इतना कहकर मंदोदरी, वहाँ से अपने महल में वापस आ गई। मंदोदरी लंका की सारी गतिविधियों पर ध्यान रखे हुए थी। उसे राम द्वारा लंका पर आक्रमण की सूचनाओं की तैयारी, प्रयास आदि गुप्तचरों से समय-समय पर प्राप्त होती ही थी। कुछ खबरें विभीषण द्वारा भी प्राप्त होती थी।

एक दिन संध्या समय त्रिजटा ने आकर कहा, ''महारानी आप सीता से मिल लीजिए। लंकापति अपने मंत्रियों, गुप्तचरों आदि के साथ राम की तैयारी, स्थिति, परिस्थिति आदि जानने स्वतः गए है। लंका से काफी समय बाहर रहने वाले हैं। अतः आप लम्बे वक्त तक सीता से बातें कर सकती है।''

मंदोदरी फौरन अशोकवन पहुँची, सीता को देखा वह अन्य राक्षसियों के बीच बैठी थी। त्रिजटा ने राक्षसी महिला सैनिको से कहा, ''महारानी स्वतः सीता को समझाने आई है कि वह रावण को स्वीकार ले... तुम कुछ समय यहाँ से चली जाओ। मैं यहाँ हूँ ही।''

सभी स्त्री सैनिको के जाने के बाद मंदोदरी ने सीता से कहा, ''सीता, तुम्हें देखकर लगता है कि तुम तो मेरी पुत्री जैसी हो। तुम्हारे साथ जो घटित हुआ उससे मैं बहुत व्यथित हूँ। पुत्री, तू चिन्ता मत कर। शांत हो कर रह। अपना स्वास्थ्य संभाल बेटी।'' कहकर प्रेम से मंदोदरी ने सीता के सिर पर हाथ रखा।

सीता को अचानक ही अपनी माता का रूप ही मंदोदरी में दिखाई दिया। वह उठी, उसने मंदोदरी को प्रणाम किया। बोली, ''माते कैसे धैर्य धरू? पतिविरह, मेरे अंतः करण को जला रहा है।'' कहकर सीता का कंठ रूद्ध हो गया।

फिर सीता बोली, "माते सदा ही लंकाधीश का भय लगा रहता है। ना जाने कब वह आ जाए। उस वजह से नींद तक नहीं आती। और अभी तक राम की कोई खबर नहीं... संदेश नहीं। माते, तुम स्वतः रावण को समझाओ और मुझे मेरे स्वामी के पास भिजवा दो। राम दयालु हैं, रावण को माफ कर देंगे।"

"तुझे ऐसा लगता है सीते, की मैं उन्हें नहीं समझाती हूँगी। मैं मंदोदरी बार-बार रावण से कहती हूँ पर सत्ता के सामने सत्य और सद्राय सहभाग नहीं चलते है। बेटी सीता, मैं लंका की महारानी का ताज पहने हूँ। पर इसके पीछे की व्यथा-वेदना मुझे ही मालूम है। पुत्री! तेरी चिंता है मुझे। तू इनके वासना की शिकार ना बने उसके लिए मैं, विभीषण, त्रिजटा प्रयत्नशील हैं।"

तब सीता बोली, "हे लंकेश्वरी, महारानी... आपने मुझे पुत्री माना माते, रावण के भोगलोलुप, धर्महीन लंका में आपके जैसी सौम्य, स्निग्ध सहलाने वाली रोशनी भी है... माता। यह मुझे धीरज देने वाली है।"

"ठीक है सीते। बहुत देर हो गई है। तू धैर्य रख। कुछ भी राम की खबर, योजना पता चलती है तो तुझे त्रिजटा सूचित करेगी।"

सीता ने फिर से मंदोदरी को नमस्कार किया। तब वह बोली, "देख पुत्री, अब कब, कैसे मिलने का मौका मिलता है। और हाँ, कभी दशानन के साथ आकर उसके कहने पर तुझे धमकाना पड़े तो तू उसे अन्यथा मत लेना। बच्ची मेरी मजबूरी समझना।"

इतना कहकर मंदोदरी रथ में जाकर बैठ गई। अब महल में आकर उसे कुछ संतोष-सा हुआ।

दिन इसी तरह बीतते रहे। मंदोदरी ने एक दिन रावण से कहा, "स्वामी, मैं मंदोदरी! मैंने आज तक आपसे कुछ माँगा नहीं। आज मुझे आपसे कुछ माँगना है। तुम्हारे लिए इस संसार में कुछ असंभव नहीं है। यदि आप मुझे देगे तो..."

रावण ने कहा, "अवश्य! मैं लंकाधीश, दशानन, दशग्रीवा, राक्षसों

का राजा रावण। तू लंका की महारानी, तुझे मुझसे माँगना पड़ रहा है। यही मेरे लिए शर्म की बात है। ऐसा क्या है? जो तुझे माँगना है। वह भी अशोक वन जाते समय।''

''स्वामी पहले वचन दीजिए। देने के पश्चात् क्रोधित नहीं होगे।''

तब कुत्सितता से हँसते हुए, रावण ने कहा, ''माँग ले मंदोदरी, तुझे वचन भी दिया और मैं रावण अपनी पत्नी पर क्रोधित भी नहीं हूँगा।''

''ठीक है।''

''आप लंकेश वचन दो कि आज से 12 माह तक सीता को स्पर्श नहीं करेंगे, ना ही उसका शील भंग करेंगे।''

रावण ने कहा, ''ठीक है दिया तुझे एक वर्ष का समय। सीता एक वर्ष में अपने आप तैयार होकर यदि मेरे पास नहीं आएगी, मुझे नहीं स्वीकारेगी तब इसी महादेव के खड्ग से उसकी गर्दन धड़ से अलग करूँगा।''

इतना कहकर दनदनाते हुए वो वहाँ से चला गया।

अब यह खबर मंदोदरी ने विभीषण द्वारा त्रिजटा को दी तथा यह भी कहा कि, ''वो सीता का ध्यान रखे, उसकी सखी बनने का प्रयास करें। उसे फल वगैरह खिलाती रहे, उसके स्वास्थ्य का ध्यान रखे।''

रावण कभी-कभी सोचता, कि मंदोदरी ठीक कहती है। स्त्री योन भोग नहीं! अर्धांगिनी कहलाती है। पर पराजय स्त्री की ही होती है। जैसे शूर्पणखा कहती है कि राम लक्ष्मण ने मेरा नाम (रावण) सुनकर ही उसे आघात पहुँचाया ऐसा मान भी लूँ तो उसे प्रतिशोध का मोहरा बनाया और मैने सीता का अपहरण करके उसके चरित्र भंग की चेष्टा की है। दोनों ही यहाँ मुझे पराजित दिखते हैं।

इस तरह के विचार रावण को उद्वेलित कर रहे थे। तब उसे लग रहा था कि राक्षस धर्म के अनुसार तो सही है। कभी जब विचार दूसरी तरह होते है लगता है यह मंदोदरी के साथ का असर है। तब मुझे लगता है कि मैं दोषी हूँ। क्या राम को मुझे दण्डित करना चाहिए? मेरा मन दो भागों में मेरे सम्मुख खड़ा हो जाता है, कहता है यदि शरीर की शुचिता इसका मापदण्ड

है तो सीता को मैंने आज तक उपमर्दित नहीं किया। मंदोदरी जिस तरह सीता की रक्षा कर रही है, इससे सीता की पवित्रता पर भी दाग नहीं लगेगा।

और रावण अब सीता के पास यदा-कदा ही जाता, उसे धमकाता, डराता और लौटकर अपने रंगमहल में रम जाता था। रावण ने अपना सारा ध्यान राम-लक्ष्मण के इंतजार में लगा रखा था। आगे वे दोनों अयोध्या के सुकुमार क्या करते हैं? क्या राम अपनी पत्नी को पाने लंका विजय करेगा, वो वनवासी मुझसे कैसे युद्ध जीतेगा?

इसी सोच में वह गुप्तचरों के मुख्य अधिकारी 'कंपन' पर प्रश्न-उत्तरों की झड़ी लगाकर उससे क्षण-क्षण की खबरें प्राप्त करता था।

उधर रामलक्ष्मण जटायु के कहने से दक्षिण की ओर बढ़ रहे थे। मार्ग में वे ऋषियों, वनवासियों आदि से सीता अपहरण की चर्चा भी करते हैं। उसने जुड़ते हुए किष्किंधा तक पहुँचते है। मार्ग में ऋषियों से उत्तम अस्त्रों-शस्त्रों को भी प्राप्त करते हैं।

किष्किंधा पहुँचकर वानरों कि जाति से निश्चित सूचना भी प्राप्त करते हैं कि रावण ही सीता को लंका में ले गया है। सीता लंका में ही है। वहाँ वे हनुमान जो कि निवर्सित राजा सुग्रीव का सचिव है, उससे मिलते है। तब उन्हें हनुमान द्वारा सुग्रीवव्यथा पता चलती है कि कैसे वानर राजा सुग्रीव की पत्नी तारा को उसके बलशाली भाई बाली ने अपनी पत्नी बना रखा है।

इस समय हनुमान द्वारा उन्हें ये भी पता चला है कि बाली को तपस्या से यह वर प्राप्त हुआ है कि जो उससे उसके सामने जाकर युद्ध करेगा उसका आधा बल (शक्ति) बाली को प्राप्त हो जाएगा।

तब राम लक्ष्मण हनुमान के साथ सुग्रीव से भेंट करते हैं। सुग्रीव को विश्वास दिलाते है कि राम बाली को किसी तरह से मार डालेंगे तथा सुग्रीव को उसका राज्य वापिस कर देंगे। तब उसके बदले में संधि करते है कि रावण से जब युद्ध होगा तब स्वतः सुग्रीव और उनकी वानर सेना राम लक्ष्मण की ओर से युद्ध करेंगे। इसके तहत राम बाली को सात वृक्षों की आड़ से तीक्ष्ण बाण से मार देते हैं।

यहीं से राम-लक्ष्मण की युद्ध नीति शुरू होती है। हनुमानजी को सीता की निश्चित जानकारी लाने के लिए लंका भेजा जाता है। वे समुंदर पार करके लंका पहुँचते है। सूक्ष्म रूप धरकर लंका प्रवेश करके सीता को खोजते हुए महलों की प्रत्येक जगह पर जाते है। आखिर में उन्हें विभीषण के महल में, विभीषण सरमा उनकी दोनों बेटियों त्रिजटा और कला की चर्चा सुनाई देती है।

यहाँ हनुमानजी अपनी विद्वत्ता, बलशाली होने के साथ एक चतुर राजनैतिक सचिव होने के कारण उन्हें ये समझने में आता है कि विभीषण धार्मिक सात्विक विचारों को पोषित करने वाला है उन्हें रावण की कार्यवाही अनुचित लगती है। इस कारण वे लंकापति रावण से प्रताड़ित और अपमानित भी है। उनकी पत्नी सरमा के मुख से महारानी मंदोदरी की व्यथा तथा सद्गुणों को सुनते है। वह किसी तरह से सीता को संरक्षण दे रही है तथा अपने पति से बचाने के लिये, रावण से कैसे 12 माह का समय माँग चुकी है वगैरह।

यह जानकर उन्हें विभीषण, मंदोदरी वगैहर के प्रति संतोष होता है। वे विभीषण के सामने अपने असली रूप में प्रगट होते है तथा सीता का पता पूँछकर उनसे मिलने की बात बताकर वापस आने की तथा उनके साथ ही राज्यसभा में रावण से भेंट करने का आग्रह करके सीधे अशोकवन में अपने सूक्ष्म रूप में एक वृक्ष पर जाकर बैठ जाते हैं।

थोड़ी ही देर में वहाँ रावण आता है। उसके आते ही स्त्री सैनिक 'सीता' के पास से हट जाती है। तब रावण उन स्त्री सैनिकों, राक्षसियों को दूर जाने को कहता है।

सीता से कहता है, "सीते, तू इतनी उदास, विरक्त क्यों है? क्यों इस अशोकवन के सुंदर उपवन का अवलोकन नहीं करती? क्यों..."

तब सीता मौन कटु कटाक्ष से रावण की ओर देखती है।

उसके चुप रहने से फिर रावण कहता है, "सीते मैं लंकापति, तुझसे कह रहा हूँ। तू मेरी बातों का जवाब नहीं देकर, मुझे अपमानित कर रही है।

मैं तेरे साथ सम्मान से व्यवहार कर रहा हूँ। इसका मतलब ये नहीं है कि मैं तेरा सर्वस्व नहीं लूट सकता! तू पतिव्रता है, उसका आदर करता हूँ। पर राक्षस संस्कृति मे स्त्रियाँ दूसरा विवाह कर सकती है और मैं तुझे राक्षस संस्कृति स्वीकारने को कह रहा हूँ।''

इस तरह रावण उसे बातों द्वारा बरगलाने का प्रयास कर रहा था।

तभी सीता त्वेष से बोली, ''मूर्ख, इतना ज्ञानी विद्वान होने पर भी वेदाभ्यास करके, सीधी सरल बात क्यों नहीं समझ रहे हों। यदि प्रेम ही करना है, तो अपनी पत्नी से करो। इस तरह धोखे, छल से किसी की पत्नी का अपहरण करके ये प्रेम प्रदर्शन करना बंद करो। मैं तो तुम्हारी लड़की की उम्र की हूँ। यदि तुमको कन्या होती तो वो मेरी उम्र की होती।''

तब रावण ने जोर से हँसते हुए कहा, ''सीता तेरे पिता जनक और राजा दशरथ ने भी विवाह करते समय कभी उम्र का ध्यान नहीं रखा वैसे ही मैं भी उम्र का ध्यान नहीं रख रहा। तेरे सौन्दर्य से घायल हूँ। तेरी कामना, मेरा लक्ष्य है। तुझे जो समय चाहिए वो ले और अपने को मुझसे विवाह करने का मन बना। नहीं तो मैं तुझे किसी भी दिन खड्ग से मार दूंगा।''

ये कहकर रावण दनदनाता जैसे आया था वैसे ही वापस चला गया। उसके जाने पर सीता राम को याद करके रोने लगी उसको रोता देख स्त्री सेना की राक्षसियाँ दूर बैठी अपनी बातों में व्यस्त और मस्त थी।

तभी हनुमान ने धीमे स्वर में राम के गुणगान करके, उन्हें छुड़ाने आने की योजना सुनाई। सीता पशोपेश में थी। 'यहाँ कौन हो सकता है। राम को चाहने वाला। ये कोई मायावी तो नहीं? ना तो दिखाई दे रहा है? ना सामने-सामने आ रहा है।'

तभी सीता के पास त्रिजटा आयी। उसने आते समय सैन्य-राक्षसियों को कुछ विश्राम करने को कहा। और स्वतः सीता के पास आकर, अती मधुर और धीमे स्वर में बोली, ''सीता मेरी प्रिय सखी। आज से रोना बंद करो। तुम्हारे स्वामी राम ने दूत भेजा है। वो तुमसे आज मिलेगा। पहले राम स्तुति करेगा, फिर तुम्हारे सामने प्रकट होगा। बहन लगता है, देव

तुम्हारे सहायक हो गये है। नियति ने जैसे तुम्हारा अपहरण करवाया। वैसी ही तुम्हारी रावण से मुक्ति भी करवाएंगी।''

तभी उचित समय जानकर हनुमान प्रगट हुए तथा सीता के सम्मुख, राम द्वारा दी गई अंगूठी भेंट की। सीता ने उसे सर माथे से लगाया। राम लक्ष्मण का कुशल मंगल जानकर उन्हें भेंट का प्रमाण स्वरूप चूडामनी देकर, हनुमान से संदेश भिजवाया, मुझे यहाँ से जल्दी मुक्त करवाओं।

हनुमान को तभी वहाँ देखकर महिला राक्षसियों ने उसकी सूचना रावण तक पहुँचायी।

हनुमान ने अशोकवन में तहस–नहस करके वृक्षों से फल खाकर काफी उछल कुद कर दी। त्रिजटा दिखावे के लिए हनुमान पर वार करती है। तथा स्वतः उसकी सूचना उदंण्डता का वर्णन राज्य सभा में करती है।

रावण उसकी पूरी जानकारी लेने हेतु द्वारपाल को बुलवाता है। तब अकंपन उसका मुख्य गुप्तचर बताता है कि उसकी रात्री में हत्याकर दी गई है। तब रावण तुरंत सैनिकों को अशोकवन में हनुमान को पकड़ने के लिए भेजता है पर सामान्य राक्षस सैनिकों द्वारा ना पकड़े जाने पर रावण का छोटा पुत्र अक्षकुमार कहता है, ''तात मैं उस वानर को पकड़कर लाता हूँ।''

रावण पहले उसे मना भी करता है। तब अक्षकुमार कहता है, ''तात आप त्रिलोक विजेता लंकेश है। आपका पुत्र एक वानर को नहीं पकड़ सकता या मार नहीं सकता है। आश्चर्य होता है।''

तब अक्षकुमार कुछ सैनिकों तथा कुंभकर्ण के बेटों कुंभ, निकुंभ के साथ अशोकवन जाता है वहाँ हनुमान अपने बचाव में सैनिकों को मार देते है। उसी में अक्षकुमार भी हनुमान के हाथों मारा जाता है।

काफी समय होने पर मेघनाद कहता है कि, ''अक्षकुमार, कुंभ, निकुंभ अभी छोटे ही है। मैं ही उस वानर को पकड़कर लाता हूँ।'' और वो उस वानर को पकड़कर लाने के लिए जाता है। इन्द्रजीत उसे पकड़कर रस्सी से बांधकर राजभवन लेकर आता है।

वहाँ 'इन्द्रजीत की जय। मेघनाद की जय' के नारे लगते है। दूसरी

तरफ अक्षकुमार की मृत देह महल प्रांगण में लाई जाती है।

रावण गरजकर उस वानर से पूछता है, "अरे ओ वानर तू कौन है! तू कहाँ से आया है? तुझे किसने भेजा है।"

तब वह वानर हाथ जोड़कर, रावण से कहता है- "मुझे सुग्रीव ने भेजा है! अब वे ही वानर राजा है। मेरा नाम हनुमान है। मैं उनका सचिव हूँ। सीता की खोज में राम द्वारा भेजा दूत भी हूँ। मुझे आज्ञा देवे, तो मैं श्रीराम का संदेश सुनाऊँ!"

"सुनाओ क्या संदेश है।"

"उन्होने अनुनय विनय से, उनकी पत्नी सीता को सम्मान से वापस भिजवाने तथा युद्ध से होनेवाली हानि से दोनों पक्षों को बचाने के लिए ये प्रस्ताव भेजा है। यदि तुम सीता को वापस करते हो तो वे तुम्हें माफ भी कर देंगे, ये भी कहा है। नहीं तो युद्ध निश्चित है। तुम्हारी लंका का, तुम्हारे स्वतः के कुल का नाश करवाने वाले कहलाओगे।"

इतना कहकर हनुमान चुपचाप खड़ा रहा।

रावण ने कहा, 'तुमने मेरे पुत्र को जान से क्यों मारा?"

तब हनुमान ने कहा, "मैने जानबूझकर, आपके पुत्र को नहीं मारा। आत्मरक्षा में अन्य सैनिकों के साथ मारा गया है। मुझे उसका खेद है।"

रावण को उस वानर पर आश्चर्य हो रहा था। उस वानर की पूँछ को जलाकर उसे छोड़ने का आदेश दिया। रावण के सैनिकों ने उसकी पूँछ को काफी जलाकर उसे छोड़ दिया। इस जलती पूँछ से हनुमान ने उछल कूद करके लंका में आग लगा दी। लंका में धू-धू कर आग लगी।

दूसरी तरफ अक्षकुमार की मृत्यु से राजमहल में मंदोदरी का ह्रदय जल रहा था वह पुत्रशोक से विहल होकर विलाप कर रही थी। तथा अन्य अंतपुर की महिलाएँ फिर रो-रो कर क्रंदन कर रही थी।

वहीं, अक्षकुमार के अंतिम संस्कार की तैयारी में सभी व्यस्त थे ऐसे में पुत्रशोक और लंकादहन दोनों ही मंदोदरी को पीड़ा पहुँचा रहे थे। हनुमान अब लंकादहन करके अशोकवन में जाकर एक कुण्ड में पूँछ

डूबाकर आग बुझाते है और माता सीता से विदा लेते है। आश्वासन देकर जाते है कि वे राम-लक्ष्मण सहित जल्दी ही आएंगे।

हनुमान के आगमन तथा लंकादहन से रावण ने अपने पुत्र को खोया वही लंकावासियों के मन में हनुमान व लंकादहन से यह भावना घर कर गई की, एक वानर जब इतनी तबाही कर सकता है। तब यदि राम से युद्ध होगा तो क्या होगा? प्रजा का मनोबल टूट गया था। प्रजा का मनोबल टूटना, आधी हार है ये सब सोचते हुए रावण को लगने लगा की राम की लंका दहन के रूप में पहली राजनैतिक जीत है।

रावण के दरबार में फिर से सीता अपहरण, लंका दहन पर चर्चा की गई। अब भी रावण के अधिकांश मंत्रियों ने युद्ध करने की सलाह दी। सिर्फ विभीषण ने जरूर नम्र निवेदन किया और कहा- ''लंकेश मेरी विनति को स्वीकार कर लो और सीता को सम्मान सहित लौटा दो। राम अवतारी पुरूष हैं। उनसे क्षमा माँग लो।''

उसके ये कहते ही रावण बहुत ही भड़क गया और बोला, ''विभीषण अभी के अभी लंका छोड़ दे और उस अवतारी पुरूष के चरणों में स्वतः को अर्पित कर दे। नहीं तो तू यूँ ही मेरे क्रोध का शिकार बनेगा। आज तक तेरी बातों को मैं सुनकर अनसुना-सा करता रहा। तुझे तेरा धर्म अपनाने की छूट दी। उसी का ये परिणाम है। पर, अब। और, नही।''

विभीषण चुपचाप वहाँ से निकला। सीधे मंदोदरी के महल जाकर, कहा, 'भाभी मंदोदरी' कहकर चरण स्पर्श किए और कहा, ''मैं राम के पास जा रहा हूँ। मुझे आशीर्वाद दीजिए। मेरे जाने के बाद सरमा, त्रिजटा और कला की जिम्मेदारी आप की होगी।''

इतना कहकर तीर की तरह वह सीधे किष्किंधा की ओर निकल गया। वहाँ सर्वप्रथम हनुमान से भेंट की, उसे सारी स्थिति बतलायी। तब हनुमान ने प्रभु राम से विभीषण की भेंट करवायी। राम ने तुरंत उन्हें आगामी लंका नरेश घोषित किया।

मंदोदरी को भी ये सूचना अपने व्यक्तिगत सूत्रों से पता चलती है।

उसका हृदय अक्षकुमार को खोने के बाद अब विभीषण के जाने का दर्द झेल रहा था। वह सोच रही थी अब मानो उसका एक विश्वसनीय प्रमुख व्यक्ति उससे अलग हो गया है।

राम की वानर सेना में नल–नील नामक दो लोगों ने मिलकर रामसेतू पूल का निर्माण करवाया तथा जांबवंत ने पूल निर्माण के दौरान अपने कुछ तन्त्रों से खतरनाक समुद्री जीवों को रोके रखा ताकि वे रामसेतू को कोई क्षति न पहुँचा सके और पूल जल्दी बन जाए। रामसेतू के बनते ही रावण स्वतः उस तरफ गया वहाँ उसने राम सेना तथा राम लक्ष्मण का निरीक्षण किया।

लंका वापस आकर वह अकेला ही सोच रहा था। दो अयोध्या के ऐसे राजपुत्र जिन्हे 14 वर्षों का वनवास होते हुए एक सुदृढ़ शक्ति का निर्माण कर, समुंदर पर पूल बाँधकर लंका तट पर पहुँचने का साहस कर रहे है। इन्हें देखकर लगता है- क्या ये युद्ध जीतेगे या नहीं? फिर रावण को बाली के हत्या का वेददायक समाचार याद आया। उसका विचार निश्चित रूप से बना कि राम–लक्ष्मण का धर्म सीता को वापस ले जाना ही है। इसलिए ही वे दक्षिण तक आ पहुँचे है।

सीता का विचार आते ही रावण एक बार फिर अशोकवन में गया और बोला, ‘‘सीता, तू आज ही मेरी बन। नहीं तो इस तलवार से तेरी गर्दन काट देता हूँ।’’

तब सीता ने कहा, ‘‘जरूर काट ही दे। तू इससे ज्यादा कर भी क्या सकता है? एक स्त्री पर अधिकार करना आसान है। तू मुझे मार, कायर।’’

इतना सुनते ही क्रोध से रावण उसके पास गया। तलवार से वार करने ही वाला था कि पीछे से किसी ने उसका हाथ पकड़ लिया।

रावण ने आश्चर्य से देखा।

‘‘मंदोदरी तुम?’’

‘‘हाँ स्वामी!’’

‘‘अब युद्ध सामने आ ही गया है। तब ये स्त्री हत्या क्यों? अब युद्ध

और युद्ध ही करो, विजयी हो। विजयी नहीं होते हो तो भी युद्धभूमि में वीरगति को प्राप्त हो। स्त्री हत्या करके, एक कायर की मौत? नहीं। कतई नहीं। यह त्रिभुवन विजेता रावण के वह योग्य नहीं।'' इस तरह मंदोदरी वहाँ से रावण को अपने महल में ले गई। जाते हुए, सीता को नेत्रों सहलाया, आश्वस्त-सा किया।

महल में आकर मंदोदरी ने रावण से रामसेतू राम की सेना, विभीषण का राम से भेंट करना, उसके द्वारा विभीषण को भावी राजा घोषित करना आदि विषयों पर बहुत देर तक चर्चा की। इन्द्रजीत भी तभी वहाँ आ गया तब युद्ध ही अब इसका निर्णय है। यह तय हुआ।

तभी सेनापति प्रहस्त ने वहाँ आकर कहा, ''राजन वानरसेना से दूत आया है। आपसे मिलने की अनुमति चाहता है।''

''उसे दरबार में ले आओ।''

दरबार पहुँचते ही दूत के रूप में अंगद को देखते ही रावण ने कहा, ''अंगद! तुम? बाली पुत्र होने से तू मेरे भी पुत्र समान है। तुझे देखकर खुशी हुई।''

तब अंगद ने कहा, ''लंकाधीश मैं बालिपुत्र के रूप में आपके पास नहीं आया हूँ। प्रभु राम का दूत बनकर आया हूँ। मेरा प्रणाम स्वीकार करें। मुझे, श्रीराम का संदेश सुनाने की अनुमति प्रदान करें।''

''अनुमति है, सुनाओ राम का संदेश।''

''लंकापति, श्रीराम की पत्नी का कपट से अपहरण करके आपने अधर्म किया, पर स्त्री हरण ये अधर्म होने से आप सीता माता को मुक्त करें। प्रभु राम की अधीनता स्वीकार करे। और लंकापति बन के सुख से रहे।''

तब क्रोध से रावण ने उससे कहा, ''पुत्र, यदि तुम बालिपुत्र नहीं होते, तुम्हें अभी सभा से उठवाकर फिकवा देता। समझे अंगद।''

''ठीक है।''

''लंकापति से भ्रम भी दूर कर लो।''

ये सुनकर रावण चीढ़-सा गया! बोला, ''इसे सभा से ही नहीं लंका

से बाहर फेंक दो।''

तब अंगद ने कहा, ''जरूर पहले मेरा एक पैर उठाओ मैं स्वतः ही यहाँ से चला जाऊँगा।''

पर आश्चर्य। लंकापति के एक से एक बलशाली राक्षस, योग्य सूरमा उसका पैर हिला तब नहीं पाए। तब रावण स्वतः उसका पैर पकड़ने वाला था। तभी अंगद ने कहा, ''लंकापति, राम के दूत के पैर पकड़ना तुम्हें शोभा नहीं देता। तुम श्रीराम के पैर पकड़ो, वह उचित होगा।''

इस तरह अंगद के जाने के बाद रावण ने अपने सभी अधीनस्तों से, सभी तरह से युद्ध करने का निर्णय किया। तथा श्रीराम से युद्ध की सूचना।

मंदोदरी ने अपने महल में घूमते हुए युद्ध के विषय में स्वतः को उलझा लिया। उसने यहाँ युक्तिपूर्वक विभीषण से भेंट की, तथा विभीषण से कहा, ''विभीषण, मुझे एक वचन दो और फिर कभी राम-रावण युद्ध तक लंका में नहीं आओगे। आज की स्थिति में सिर्फ, तुम ही सहायक दिख रहे हो। तुम्हारे सिवा, मेघनाद जो कि इन्द्र विजेता है। उस पर भी विश्वास नहीं है। यह लंका की महारानी, लंकेश्वरी आज तुमसे कुछ कह भी रही है और माँग भी रही है। विभीषण! कार्य बहुत ही कठिन, हिम्मती ही नहीं, सत्ता के बिसात पर आज तक ना खेला गया खेल है। इसलिये मै...''

''आप कहिए भाभी निश्चिन्त मन से कहिये।''

''आप श्रीराम के पास समर्पण के साथ, लंकाविजय प्राप्ति के सारे रहस्य भी उन्हें बताए। उनके विजयी होने में सहायक बने।''

''ये आप कह रही है? भाभी, आप लंका की महारानी, लंकेश्वरी कह रही है। इसके परिणाम क्या होगे? ये आप जानती है ना?''

''हाँ, विभीषण तुम उधर गए कि श्रीराम की शक्ति कई गुना बढ़ जाएगी। वैसे तो वे पराक्रमी, बुद्धिमान होने पर भी इस प्रदेश में नए है। राक्षसो के पास मायावी शक्तियाँ है, उनसे तुम परिचित हो। मायावी शक्तियो में लंकाधीश का तो जवाब ही नहीं। उनके सारे रहस्य तुम्हें मालूम हैं। अतः राम को समय-समय पर सतर्क करोगे... उनका विजयी होना

जरूरी है, विभीषण! वो विजयी होने ही चाहिए।''

''पर इससे लंका की पराजय होगी।''

''नहीं विभीषण ! ये लंका की हार नहीं! लंका में हो रही द्रुष्टवृत्तियों की, अविवेकी वृत्ति की हार होगी।''

''पर भाभी, आप अपने पति के विरूद्ध...''

''नहीं विभीषण । ये लंका के दुश्चरित्री नरेश, त्रिभुवन विजेता पत्नी की तरह जीने की बजाय, मुझे समाजसुधार पुरूषोत्तम की मर्यादा पर जो धर्म, न्याय की सात्विकता वाला समाज प्रदान करेगा उसके सामने ये समर्पण ही योग्य लग रहा है। मैं ये बहुत पहले से विचार कर रही थी। एक बार मैं स्वतः तुम्हारे महल में आई थी। तुमने और सरमा ने कहाँ था 'हमे ही बुलवा लिया होता भाभी।' तब भी मैं इसी तरह के बुनियादी विचारों में थी। लेकिन अब निश्चित निर्णय के परिणामों को स्वीकारने की शक्ति भी आ गई है क्योंकि अब मैं मन को इसके लिये तैयार कर चुकी हूँ।''

इस तरह विभीषण से यह आखरी भेट मंदोदरी ने की।

विभीषण ने कहा कि, ''आप इन्द्रजीत से इस विषय पर खुलकर चर्चा करे भाभी।''

तब मंदोदरी ने कहा, ''मैंने उसे बुलवाया था। समझाया भी था। पर वह पितृऋण तथा कठिन समय में पिता के सहयोग को ही श्रेष्ठ मानता है। मेरा पुत्र होने पर भी मैं उसे अपने अनुरूप वैचारिक मतों से नहीं समझा पा रही हूँ। या वह समझकर ना समझ बन रहा है। उसका स्पष्ट विचार है, कि अब युद्ध ही उपाय है युद्ध में पिता की सहायता करना, पुत्रों का कर्तव्य होता है। तब उसने ये भी कहा। माता आप व्यर्थ में चिन्ता ना करे। कहकर चर्चा समाप्त करके... वह चला गया।''

''ठीक है, भाभी मंदोदरी। आपके और मेरे विचार से लंका को परिमार्जित करके नवसंस्कृति से संवारना ही होगा। आपका आशीर्वाद, सदा साथ रहे।'' कहकर विभीषण मंदोदरी के चरण स्पर्श किए।

मंदोदरी विभीषण के सिर पर हाथ रखकर उसे 'विजयी भव, आयुष्मान

भव' का आशीर्वाद देती है। फिर विभीषण सीधे अपने महल में जाता है अपनी पत्नी सरमा से भेंट करके उसकी सहमति से राम के पास चला जाता है।

मंदोदरी, इन्द्रजीत को फिर एक बार बुलवाती है। कहती है, "पुत्र मेघनाद। एक वानर द्वारा लंका में इतना अग्निकांड हुआ है। वह तुम्हें उचित लग रहा है क्या?"

इन्द्रजीत सब सुनता और कहता है, "हे माता, ये जो राक्षस धर्म है उसमें हमें किसी भी तरह की चेतावनी का जवाब तो देना ही होता है।"

"ठीक है पुत्र। तुम्हारे चाचा विभीषण का अपमान भरी राजसभा में होना राक्षस धर्म है, क्या? किसी अबला को कुटिया से उठा लाना वीरता है, क्या?"

"पर माते, ये तातश्री का कोई पहला पराक्रम तो नहीं है। फिर इस विषय पर और चर्चा क्यों करना हे माते।"

"पुत्र यहाँ सीता में मुझे मेरी पुत्री वेदवती दिखाई देती है। वह एक सती है।"

"माता, मेरे पिता ने राक्षस धर्म की संरचना करके राक्षस धर्म अपनाया है। अतः अब इस विषय को यही समाप्त करना उचित लगता है। पितृऋण चुकाने कि लिए, पिता के कठिन समय में उनकी सहायता करना मेरा धर्म है। अब युद्ध ही एक उपाय है।"

मंदोदरी बैचेन होकर कभी सरमा तो कभी अपनी स्नुषा सुलोचना से अपनी व्यथा व्यक्त करती। वे दोनों भी काफी व्यथित हो जाती थी।

मंदोदरी कहती... "मैं मंदोदरी त्रिभुवन विजेता रावण की पत्नी, पटरानी, देवेन्द्र इन्द्र को जीतने वाले पुत्र की माता, लंका की महारानी सारे ऐश्वर्य सारे सुखों से तृप्त। पर फिर भी...।"

मंदोदरी अब ये समझ चुकी है युद्ध प्रारंभ होगा ही। बैचेन, क्षुब्ध होकर कुछ भी ना कर पाने से तो कभी युद्ध का निर्णय समझकर कभी लंका के सर्वनाश से तो कभी अपनों की युद्ध में वीरगति प्राप्त होने की कल्पना से

दुःखी और बीमार हो जाती है। और फिर युद्ध प्रारंभ होता है।

तब मंदोदरी का स्वगत संभाषण प्रारम्भ होता है। उसकी प्रतिछाया उससे संभाषण करते हुए, उससे कहती है, "हे मंदोदरी तुम्हें पता है कि विभीषण पहले ही राम को समर्पित हो चुका है। वह लंका के रहस्य राम को देगा तथा विजय श्री धर्म की ही होगी। फिर भी तुम पत्नी रावण की, माता इन्द्रजीत व अन्य धन्यमालिनी के पुत्रों की माता हाकर भी...। "

इस तरह उसकी प्रतिछाया उससे बार-बार अनेक प्रश्न करके उसके सम्मुख खड़ी रहती है। तब मंदोदरी स्वतः ही कहती है, "मैं एक पत्नी अपना सौभाग्य, अपने पुत्रों का मातृत्व धारण करने के साथ ही लंकावासियों की स्वामिनी भी हूँ। मेरा मन मानवीय मोह, माया, प्रेम को कैसे त्याग सकता है। अतः मैं उससे चाहकर भी अलग नहीं हो सकती। इन्हीं विचारों के साथ वह अपने महल के भव्य शिवालय में, सब विचार समर्पित करके शिवपूजा में लीन होती है।"

तभी युद्ध प्रारंभ होने की सूचना दासियाँ आकर उसे देती है।

सूर्योदय होते ही राम की आज्ञा से वानर सेना लंका पर आक्रमण करती है। वानर सेना वृक्ष, पत्थरों आदि से, नगाड़े, ढोलक बजाते हुए युद्ध आरम्भ की घोषणा-सी करती है।

रावण की राक्षसी सेना जंबुमाली के नेतृत्व में वानर सेना से युद्ध करती है। दोनों पक्षों में घमासान युद्ध होता है। दोनों ही पक्षों के वीर मरण पाते है। संध्या समय युद्ध नीति के अनुसार, सेनाएँ अपने-अपने खेमों में लौटती है। राक्षस सेना का नेतृत्व करने वाला जंबुमाली द्वंद्व युद्ध में हनुमान द्वारा मारा जाता है। इस युद्ध का प्रथम दिन बीतता है।

दूसरे दिन के युद्ध में विचार विमर्श के बाद इन्द्रजीत अपने भाई त्रिशिरा, नरान्तक देव तथा सेना के साथ युद्ध में जाता है। संध्या समय युद्ध समाप्ति के समय इन्द्रजीत अकेला ही वापस लौटता है। सारे भाई युद्ध में वीरगति को प्राप्त होते हैं।

इस सूचना से मंदोदरी और धन्यमाला रोने लगती है तथा शोक में डूब

जाती है। पूरे अंतपुर में रूदन मच जाता है।

तीसरे दिन रावण कहता है, ''आज तो मैं ही युद्ध में जाऊँगा और मैं ही सेनापति होऊँगा। आज मैं युद्ध का समापन करके ही आऊँगा।''

इन्द्रजीत कहता भी है, ''तात श्री, पुत्र के रहते आपको युद्ध में जाना उचित नहीं।''

रावण आग्रह से कहता है, ''आज तुम विश्राम करो मैं ही जाऊँगा।''

तब रावण, प्रहस्त (सेनापति) अंकपन, धूमाक्ष, व्रजपृष्ठ के साथ अन्य वीरों को लेकर राम की सेना पर भारी आक्रमण करता है। तभी संध्या होने पर वापसी के समय प्रहस्त मारा जाता है। रावण को सूचना मिलती है- 'लंकापति, प्रहस्त को वीरगति प्राप्त हुई।'

लंका में अपने खेमे में लौटते समय रावण काफी क्रोध व शोक में डूबा होता है। उसे लगता है पहले जंबुमाली प्रहस्त का बेटा, तथा अपने बेटों को फिर ना जाने कितने वीरों का स्वर्गलोक हुआ।बाद में अंकपन, धूमाक्ष और ना जाने कितने अनगिनत सिपाही मृत्यु के मुख में जाते है।

तीसरे दिन इन्द्रजीत रावण से कहता है, ''तातश्री, आज तो मैं ही युद्ध का नेतृत्व करूँगा। पिताजी आज आप विश्राम करे। आप जानते है मेरे पास नागपाश नाम का अस्त्र है उससे मैं 'राम लक्ष्मण' को बाँधकर ही आऊँगा।तब सुग्रीव व उसकी वानर सेना हताश होगी ही।''

रावण यहाँ उससे सहमत होता है। उसे युद्ध में जाने की अनुमति देता है।

सूर्योदय होते ही इन्द्रजीत अपने विशेष रथ पर तैयार होकर, युद्ध भूमि में जाता है। महाविनाशकारी युद्ध होता है। जैसे ही राम-लक्ष्मण का सामना होता है इन्द्रजीत उन्हें 'नागपाश' से बाँधकर, मुस्कुराते हुए वापस आता है। तथा रावण से कहता है, ''तात अब विजय अपनी निश्चित है। 'नागपाश' से उन दोनों को कोई मुक्त नहीं कर पाएगा।''

यह सुनकर रावण प्रसन्न होकर मदिरा पान में डूब जाता है।

इन्द्रजीत अपने महल में पत्नी सुलोचना के साथ बैठकर, आराम से

युद्ध का वर्णन करता है तथा राम–लक्ष्मण की दिव्यता, साहस का वर्णन करता है। उसी समय एक सैनिक दौड़ते–भागते आता है तथा हाँफते हुए राम–लक्ष्मण 'नागपाश' से मुक्त होने की सूचना देता है। इन्द्रजीत उससे झुंझलाकर पूछता है, "कि वहाँ आखिर हुआ क्या?"

"महाराज, वहाँ एक बड़ा–सा गरूड़ आया और उसने राम–लक्ष्मण को नागपाश के बंधन से मुक्त कर दिया।"

"विष्णु के वाहन ने... यस कार्य किया। याने की देव भी उसके साथ है। ठीक है। तू जा।" इन्द्रजीत क्रोध से तड़फ उठा उसकी आँखें लाल हो रही थी।

वो बोला, "कल फिर मुझे ही युद्ध में जाना ही होगा।"

सुलोचना ने कहा, "स्वामी इस समय आप विश्राम करे।"

"नहीं सुलोचना मुझे अभी ही जाना होगा।"

इतना कहकर वह अपनी अघोरी सिद्धि को सिद्ध करने, वहाँ से निकुंभिला मंदिर पहुँचा। उसे जाते समय सुलोचना ने कहा, "स्वामी युद्ध जीतने के लिये अघोरी विद्या का उपयोग करना अधर्म है।"

पर इन्द्रजीत उसे सुना–अनसुना करके अपने महल से रथ पर बैठकर चला गया। सुलोचना वैसी ही बैठी रही। प्रातः होते ही, शिवपूजा में बैठ गई। तभी उसकी दासी ने कहा, "देवी। सुलोचना का मन, आज स्थिर नहीं था। किसी तरह दोपहर तक का समय बिता ही होगा।" तभी एक कर्मचारी ने रोते, काँपते उसे सूचना दी–

"देवी, महाराज का यज्ञ पूरा होने ही वाला था। यज्ञ वेदी से रथ ऊपर आ रहा था। जो उन्हें युद्ध में अजेय करता था। उसी समय लक्ष्मण और विभीषण वहाँ आए और लक्ष्मण ने उनका सिर धड़ से अलग कर दिया।"

इस खबर को सुनते ही सुलोचना विलाप करते हुए, मूर्च्छित हो गई। होश में आने पर फिर से रोने लगती। तभी रावण और मंदोदरी उसके पास आये वे भी विलाप कर रहे थे।

तभी रावण ने कहा, ''अब मैं सीता को मार ही डालता हूँ।''

तब मंदोदरी ने कहा, ''नाथ, पहले इन्द्रजीत को देखो उसका अंतिम संस्कार करो। तब कुछ और...'' कहकर वो रोने लगी।

पूरे महल में गमगीन वातावरण छाया हुआ था। रावण मृत्युशैय्या पर पड़े इन्द्रजीत से कह रहा था- ''हे पुत्र, तुझे युद्ध भूमि में मारना कठिन था इसलिए इस तरह अधर्म कायरता से तेरी हत्या की गई है। तेरी सिद्धी स्थल का पता उस विभीषण ने दिया, वह नीच ही घर का भेदी है। वही लक्ष्मण को लेकर यहाँ आया उसने ही तेरा वध लक्ष्मण के हाथों से करवाया है। मैं रावण उन दोनों को युद्ध भूमि में जाकर मारूँगा।''

इस तरह रोते, विलाप करते हुए इन्द्रजीत की चिता की तैयारी करवा रहा था। उसको उसके मातामह (नाना जी के छोटे भाई) माल्यवान सान्तवना दे रहे थे। तभी इन्द्रजीत की पत्नी सुलोचना ने अपनी आँखें पोंछी, विलाप करना बंद किया और मंदोदरी से बोली, ''माता। मैं अपने पति के साथ सती होऊँगी।''

मंदोदरी और रावण, एक साथ बोले- ''बेटी, पुत्री सुलोचना। पुत्र के नहीं रहने पर हम तुम्हें ही देखकर संतोष करेंगे।''

पर वह बोली, ''नहीं माते, मैं नागवंशी पति के बिना कोई भी सुख नहीं भोग सकती।''

सुलोचना ने दृढ़ता से, रावण से कहा, ''पिताजी, मुझे आज्ञा देवे।''

तब सुलोचना का निश्चय देखकर, उसे सती होने की सहमति देनी पड़ी।

चिता जब धधक उठी, सुलोचना पूरे शृंगार के साथ शांति से उसमें अपने पति के साथ सती हो गई।

रावण मंदोदरी के महल में उसे सान्तवना देने पहुंचा। मंदोदरी ने कहा, ''दशानन मुझे मेरा इन्द्रजीत वापस लाकर दो। तुम त्रिभुवन विजेता, 9 ग्रहों को कैद करके रखने वाले वीर हो ना? तुम्हारे लिए तो कुछ भी असंभव नहीं है ना नाथ? अपनी स्त्री हवस की वजह से तुम सीता को लाए

.... उसकी वजह से पूरे राक्षस वंश का नाश हो रहा है। फिर पुत्र विहीन हो गये, हम।''

ये सुनकर रावण हताश होकर अपने पुत्रों, रिश्तेदारों को याद करके रोने लगा। उसे अब कुंभकर्ण की याद आयी। कुंभकर्ण ने कहा था, 'दादा भाई, राजन इस विभीषण को लंका से बाहर मत जाने दो। ये लंका के सारे रहस्य भेद शत्रु पक्ष को दे देगा। इसकी कीमत आपको चुकानी पड़ेगी।'

तब मैंने कहा था, ''बचपन में माता कैकसी कहती थी, तुम बड़े हो अपने भाई, बहन का ध्यान रखना। तुम बड़े हो... मैं माता से कहता था, तू चिन्ता मत कर। इस तरह मैं माता से वचनबद्ध था इसलिये ही विभीषण को जाने दिया।''

इस रात्री का समय विचारों और मदिरा के नशे में बीता। प्रातः काल होते ही मैं पुनः मंदोदरी के पास गया, वो अर्धमूर्च्छित-सी पलंग पर लेटी हुई थी। उसके पास जाकर कहा, ''मंदोदरी क्षमा करना मैं तेरा अपराधी। सच कहूँ, ये सब उस सीता की वजह से ही हुआ है। मंदोदरी। देख, सुन जैसे ही उसका विवाह राम से हुआ राम को 14 वर्ष का वनवास हो गया। यहाँ उसके कदम पड़े तो राक्षस कुल का नाश हो गया। आज उसे खड्ग से समाप्त कर ही देता हूँ।''

इतना कहकर, अचानक बहुत जल्दी में वह खड्ग लेकर अशोकवन की ओर जाने को, रथ से निकला।

ये सुनकर, मंदोदरी में जाने कहाँ से शक्ति का संचार हुआ, वह भी तुरंत रथ में बैठकर रावण के पीछे-पीछे अशोकवन पहुँची। मंदोदरी जानती थी की महादेव ने कहा था- 'जिस दिन तू खड्ग का दुरूपयोग करेगा उसी क्षण वह लुप्त हो जाएगा।'

रावण आक्रोश करते, चिल्लाते सीता के पास गया और बोला, ''सीता, आज तेरा अंत निश्चित है। तेरी वजह से मेरे सारे पुत्र, सारे वीर पुत्र, योद्धा युद्ध में मारे गये। आज मैं पुत्रहीन हो गया। मेरा प्रिय पुत्र मेघनाद जो इन्द्र विजेता था। उसका वध तेरे देवर लक्ष्मण ने कर दिया है।''

इतना कहकर उसने अपना खड्ग पूरी ताकत से 'सीता' की गर्दन पर रखा। उसी समय रावण के हाथ से खड्ग लुप्त हो गया। रावण पुत्र शोक में महादेव की बात को भूल गया था। खड्ग लुप्त होते ही, रावण समझ गया अब महादेव की कृपा समाप्त हो गई है।

सीता भयभीत थर-थर कांप-सी रही थी। तभी मंदोदरी ने वहाँ पहुँचकर कहा, "दशानन, नाथ, सीता का अपहरण एक प्रतिशोध था या अन्तस्थ में वासना थी? तुम्हारे इसी व्यसन की वजह से हजारों वीर राक्षसों का और इन्द्रजीत का.... अंत हुआ है। अब आप एक शूरवीर की तरह रण भूमि में युद्ध करने जाए, तभी तुम्हारी कलुषता मिटेगी। श्रीराम मानव रूप में अवतारी पुरूष है। उनके हाथों यदि तुम्हारी मुक्ति होगी तो तुम्हारे पापों का क्षरण होगा।"

इस तरह रावण युद्ध में जाने की तैयारी करता है। मंदोदरी एक पत्नी के रूप में उसे युद्ध करने को प्रेरित करती है।

रावण सूर्योदय होते ही, युद्धभूमि में जाता है। वहाँ घमासान युद्ध होता है। युद्धभूमि में राम की सेना में हाहाकार मच जाता है। रावण की नजरें राम-लक्ष्मण, विभीषण को खोज रही होती है। उसे लक्ष्मण दिखलाई देता है। तब रावण की शक्ति लक्ष्मण को भेदती है। लक्ष्मण गिरकर बेहोश हो जाता है। उस समय, संध्या हो चुकी होती है। युद्ध बंद कर सेना अपने खेमों में लौटती है। तभी रावण हँसते हुए राम के पास जाता है, राम लक्ष्मण के सिर को गोद में रखकर विलापसा कर रहे होते है।

रावण तब अट्टाहस करते हुए कहता है, "राम ये तो मैंने इन्द्रजीत के वध का बदला लिया है। अब कल का युद्ध देखना, मैं तेरी वानर सेना का क्या हाल करता हूँ।" इतना कहकर वह अपने महल की ओर चल देता है।

युद्धभूमि से लौटते समय वह अकेला ही लौटता है क्योंकि उसके सारे साथी वीर मारे जाते है। मंदोदरी वहाँ आकर लंकेश की जय कहकर उसका स्वागत करती है। आज उसके नेत्रों में प्रसन्नता और पति की वीरता पर गर्व दिखाई देता है।

मंदोदरी कहती है, ''नाथ, आज आपके पराक्रम को सुनकर धन्य धन्य हो रही हूँ। क्योंकि आज तुमने इन्द्रजीत को मारने वाले लक्ष्मण को उचित रूप से दण्डित किया है।''

रावण तब मंदोदरी से कहता है, ''महारानी मंदोदरी आज लक्ष्मण को सजा देकर मैं भी काफी हद तक प्रसन्न हूँ।'' इतना कहकर वह मंदोदरी को गले लगाता है। तथा फिर नहा धोकर, अपने घावों पर सुषेण वैद्य से लेप वगैरह लगवाकर पलंग पर विश्राम करने लगता है।

उसी समय कुंभकर्ण वहाँ आता है और कहता है, ''भाई दशानन, कल प्रातः मैं युद्ध में जाऊँगा। मैं हजारों वानरों का भक्षण करूँगा और शेष को युद्ध भूमि में मारूँगा।''

रावण भी थका होता है, सोचता है ठीक ही है कल का युद्ध का भार कुंभकर्ण पर डालना उचित है। इतना सोचकर कुंभकर्ण को प्यार से गले लगाता है तथा युद्ध में जाने की स्वीकृति भी देता है।

तब कुंभकर्ण कहता है, ''दशानन मेरे भाई तुम यह जानते हुए की यह 'सीता' हमारे सर्वनाश निमित्त है। उसे क्यों राम लक्ष्मण के पास वापस नहीं भेजा? तुमने भाभी मंदोदरी, भ्राता विभीषण की बातों को नहीं माना, ना ही उस पर विचार किया। यदि विचार करते तो, तुम्हारे द्वारा स्थापित जो कि राक्षस राज्य व राक्षसधर्म है। वह इस तरह तो तुम्हारे सामने समाप्त नहीं होता।''

रावण कहता है, ''कुंम्भा, मेरे प्रिय भाई जो होना था वह हो गया, अब उस पर विचार या चर्चा करने से कोई उपयोग नहीं।''

कुंभकर्ण कहता है, ''ठीक ही है। भाई! मैं छोटा भाई, तुम्हारे प्रेम की वजह से युद्ध जरूर करूँगा, फिर नियती जो चाहती है, वह तो होकर ही रहता है। मुझे आज्ञा दो।''

रावण फिर से उसे गले लगाकर विदा करता है।

दूसरे दिन सुबह होते ही, कुंभकर्ण अपने महल से सेना के साथ युद्धभूमि में जाता है। ब्रजबाला उसे तिलक करके, नजरों से ओझल देखती

है। वह मन ही मन अशुभ विचारों में खो जाती है। पहले अपने पुत्रों को युद्ध में खो चुकी हूँ अब.... कदाचित पति...।

कुंभकर्ण बहुत धैर्य से, युद्ध भूमि में सारे युद्धकौशल के पैंतरे अपना कर पूरी ताकत से युद्ध करता है। उसे देखकर वानर सेना, सुग्रीव, जाम्बवान, हनुमान, अंगद सभी चकित हो जाते है। वह अनगिनत वानरों का भक्षण करता है। ये देखकर अन्य वानर भागने लगते है। इसके अलवा वह काफी कुशल युद्ध पैंतरों को अपनाता है पर संध्या होते-होते मारा जाता है।

यह खबर रावण को मिलते ही वो स्तब्ध, मूक होकर, उसका अंतिम संस्कार करता है। फिर मंदोदरी से कहता है।

'मंदोदरी! बस्स! कल का युद्ध निर्णायक युद्ध का दिन होगा। देवी! मैंने राम से युद्ध में मेरे सेनापति प्रहस्त, उसके पुत्रों, के अलावा, माता के पितामह के अलावा ब्रजमुष्ठी, उन्मत्त राक के अलावा, भासकर्ण, अकंपन, विकट, कालिका मुख, धुमाक्ष दण्ड के साथ-साथ, महापार्श्व, आदि अन्य वीरों के साथ अपने मेघनाद, अक्षकुमार, अतिकाय, नरांतक, देवांतक, त्रिशिरा की भी बली चढ़ा दी ऐसा लगता है। और आज भाई कुंभकर्ण और उसके पुत्र कुंभ, निकुंभ भी युद्ध में भेट चढ़ गए... "

कहकर हताश, अत्यन्त कातर होकर, सूर्योदय का इंतजार कर रहा था।

मंदोदरी ने कहा, "नाथ अभी आप कल महोदर के साथ बची सेना के साथ निर्णायक युद्ध करोगे। आपने एक वीर, एक दैत्य, दानव, असुर पिछली जातियों को एकत्रित करके उन्हें राक्षस संस्कृति में बाँधा। आज इस क्षण, इस तरह आप विचलित ना होवे। आज आप महोदर को बुलवाकर, कोई युद्ध योजना तैयार करे।"

कुछ समय पश्चात महोदर, रावण के कक्ष में आया दोनों ने युद्धनीति पर विचार किया, फिर मदिरा पान किया। फिर रावण ने कहा, "महोदर कल का युद्ध निर्णायक युद्ध होगा, कल के युद्ध में हम मारे जाएंगे।"

तब महोदर ने कहा, "अरे दशानन तुझे मृत्यु का भय कब से होने

लगा? तू तो पहले से यह नारा ही लगाता था। 'मैं! कभी मरूँगा ही नहीं। मैं राक्षसों का राजा, रावण सदा जीवित ही रहूँगा। और मैं तो आज भी कहता हूँ, कि दशानन तू युद्ध में मर कर भी अपने कहे अनुसार, इस धरा पर जीवित रहेगा। ये निश्चित है।"

इस तरह की चर्चा करते हुए, दूसरे दिन बची-कुची सेना क्या, सैनिकों के साथ युद्ध भूमि पर जाने की तैयारी की। वानर सेना को संभलने का मौका दिये बिना तीर, अग्निअस्त्र, शस्त्र, गदा, मायावी, अदृश्य तौर पर युद्ध की योजना उनका प्रयोग कैसे, कब, कहाँ करना तय हुआ। महोदर के जाते ही मंदोदरी रावण के कक्ष में आयी।

रात काफी हो गई थी। मंदोदरी ने कहा, "दशानन आज तुम्हारे चेहरे पर उदासी, मायूसी छा रही है।"

"सत्य है।"

"जब युद्ध का निर्णय, पता हो तो.... और अपनी मृत्यु.... दिख रही.... हो.... तब।"

"तब क्या स्वामी?"

"तब मंदोदरी- तब भोगवादी वृति, मदिरा, सुंदरियों का व्यसन तथा स्वतः द्वारा किए कर्म, अत्याचार। जैसे-नलकुबेर की पत्नी रम्भा, अपनी मानसपुत्री के साथ.... उसके द्वारा दिये श्राप और ना जाने किन-किन राज्यों से लाई सुंदरियों गन्धर्व कन्याओं की बददुआए और भी ना जाने क्या-क्या।"

"जो हो चुका, दशानन।"

"अब तो आप वीर की तरह सामने आई परिस्थितियों का सामना कर रहे है।"

"फिर यह उद्वेग! क्यों?"

"लगता है, तुम्हारा अंतरंग, आत्मा शुद्ध पवित्र हो रही है। नाथ। फिर क्यों, ये सब याद कर रहे है?"

"मंदोदरी, युवावस्था में शक्ति, बल, यौवन के जोश में एक धुन में ये सब किया जो किया उसका मुझे गम भी नहीं है। क्योंकि ये सब राक्षस धर्म के अनुकूल है। जब ये सब समझकर उसका अनुसरण किया तब उसमें कही कुछ गलती या अधर्म किया, ऐसा भी नहीं लगता है।"

"ठीक है, स्वामी।"

"आप एक बार, इस तरह सोचो की यदि कोई आप पर विजय प्राप्त करके, आपकी महारानी मंदोदरी का अपहरण करता है।.... उसके साथ... क्या तब भी आपको कुछ ग्लानि, दुःख, प्रताड़ना नहीं होगी?"

"मंदोदरी ऽ ऽ" कहकर रावण, थोड़ा क्रुद्ध हो गया।

"नाथ.... आपका.... ये स्वर.... उस बात को अस्वीकार कर रहा है। मेरी बात आपको उचित भी लग रही है। पर आपका जिद्दी स्वभाव, अहंकार, त्रिभुवन विजेता, विद्वत्ता, राजनीतिक निपुणता इसे मानने या बोलने की इजाजत नहीं दे रही है। स्वामी! हे नाथ... दशानन, आज मुझे आज कुछ ज्यादा ही बैचेनी, अस्वस्थता, घबराहट-सी हो रही है। एक अनजान भय मुझे भयभीत कर रहा है।"

"मंदोदरी, ये तेरा कातर रूप। तेरे हृदय की थरथराहट तुझ पर अच्छी दिख रही है। तेरा वह तेजस्वी रूप जो सीता के अपहरण के पश्चात मैंने देखा था- कि मैं भी लंका की महारानी हूँ। राज्य को पलटने की क्षमता रखती हूँ।"

"यह मत समझना दशानन की तुम्हारे द्वारा जो महारानी का पद मुझे मिला और उसका ताज मुझे पहनाया वह सिर्फ एक शोभायमान अलंकार है और उससे मैं सुशोभित हो रही हूँ। इस समय तुम्हारे साथ ने मुझे भी महारानी होने से कुछ अधिकार, क्षमताएँ, प्रदान की है। जो परिस्थितियाँ बदलने में सक्षम है। तुम्हारा वो उत्तप्त रूप देख, मैं सचमुच भयभीत हुआ था।"

"खेर। जो नियति ने चाहा है वह होकर रहेगा। कल के युद्ध में जाते समय मंदोदरी तू प्रसन्न होकर, मेरा तिलक करना, हँसते हुए मुझे विदा

करना। तूने कई बार, मुझे संवारने की, संभालने की, मेरी वृतियों पर लगाम लगाने की कोशिश की थी। मैंने उतनी देर के लिए, कभी तेरी सलाह को मान लिया तो कभी अस्वीकार करके वो समय टाला...। पर आज तू, एक पत्नी की तरह, मेरी सभी भावनाओं को तृप्त कर दे। यह मेरी इच्छा।''

मंदोदरी, मुस्करा दी।

प्रातः मंदोदरी सदा की तरह, एक महारानी के अनुरूप शृंगार करके भक्तिभाव से महल के रत्नजडित शिवलिंग की पूजा में लीन थी। आज वह अक्षत तिलक की तैयारी करके रावण का युद्ध भूमि में जाने का इंतजार कर रही थी। उसका मन अनेक विचारों से, आने वाले समय से पूर्वानुमानित था।

उसने रावण की अन्य रानियों को भी मंदिर में आने की सूचना भिजवा दी थी। रावण का प्रिय स्त्रोत जो रावण ने महादेव को प्रसन्न करने के लिए लिखा था। 'शिव तांडव' मधुर स्वर में गा रही थी।

रावण युद्धभूमि में जाने के पूर्व वहाँ आता है। महारानी मंदोदरी उसे तिलक करती है। तभी रावण उससे कहता है, ''एक बार 'शिव तांडव'अपने मधुर स्वर में सुना दो।''

वह फिर उसे शिव तांडव सुनाती है। उसी समय महोदर के साथ जाने वाला होता है कि शूर्पणखा आती है और कहती है, ''बंधुराज, तुम्हारा आखिरी दिन है। कैसा लग रहा है?''

मंदोदरी कहती है, ''शूर्पणखा ये क्या बेहुदी है। जाओ यहाँ से।''

तब रावण सभी की ओर देखकर हँसता है और युद्धभूमि की ओर चल देता है।

श्रीराम और रावण का घमासान युद्ध होता है। युद्ध में अग्निअस्त्र-शस्त्र, तीर, खड्ग, युद्ध सभी का प्रयोग होता है। महोदर के मरने के बाद रावण भी थक-सा जाता है और सामने लक्ष्मण को जीवित देख समझ जाता है कि यह विभीषण की बेईमानी थी कि जो शस्त्र उपयोग में लाया था वह लक्ष्मण को मारने की बजाय बेहोश करने वाला था। शस्त्रों में

नकली, मिलावटी शस्त्र रखकर बेईमानी की गई है और इसी सोच में उसकी नाभी पर राम का तीर लगता है और वो युद्धभूमि में मर जाता है। राम लक्ष्मण की सहायता से विभीषण का पूरा सहयोग होने से वह युद्ध में विजयी होते है। राम की जय के नारे, विजयी के नारे लंका में गूंज उठते हैं।

मंदोदरी युद्धभूमि में पहुँचती है। रावण को मृत देखकर विलाप करती है। उनके विलाप को देख विभीषण, मंदोदरी के पास जाकर कहते है, "भाभी अपने को संभालो।"

विभीषण भी शोकग्रस्त होता है।

मंदोदरी कहती है, "हे दशानन, लंका भूषण लंकेश प्राणप्रिय लंकापति, त्रिभुवन विजेता आज आप युद्धभूमि पर वीर यौद्धा की तरह लड़कर स्वर्ग सिधारे। आप यहाँ अवतारी पुरूष प्रभु राम को मानव रूप में पहचान नहीं पाए। आपके अंहकार जिद्द, परस्त्री अभिलाषा जैसे अनैतिक कर्मो ने भी एक साथ आप पर वार किया स्वामी। मैं कहती रही, "स्वामी सीता जैसी साध्वी, तेजस्वी, मर्यादित सती पर आपकी पापी नजर न रखना। पर आप नहीं माने, उस पतिव्रता को जो पति वियोग हुआ। वही तुम्हारे दण्ड का कारण बना। उसकी शुचिता के दुःख ने तुम्हारे कुल वंश का नाश किया..."

इस तरह मंदोदरी शोक करते हुए, बार-बार अचेत हो रही थी। राम ये देख द्रवित हो गये। वे उसके पास जाकर बोले, "माता मंदोदरी शांत होईये।

शोकाधीन होकर अपने ज्ञान, विवेक की उदात्तता जन कल्याण, लंका का पुनः निर्माण का ध्येय रखने वाली, नववेतना पल्लवित करने वाली उस महारानी मंदोदरी को स्मरण करें।

इस तरह स्वतः पतिव्रता होकर, लंका के मंगल भविष्य की कामना का निर्णय लेने वाली, आप कोई साधारण स्त्री नहीं है। आज तक आप जिन बातों को लेकर अपने पति का विरोध करती रही। उसके प्रत्येक गलत कार्य पर टोकती रही। अपनी प्रजा के लिए परेशान होती रही।। उसी की वजह से 'सीता' की सुरक्षा होती रही। उस मंदोदरी को मैं प्रणाम करता हूँ।

माते शांत होईये।"

इस तरह राम की स्निग्ध, मधुर, आश्वासित वचनों को सुनकर, मंदोदरी और विभीषण ने लंकापति रावण के अंतिम संस्कार की तैयारी की।

लंकेश के अनुरूप ही चंदन की चिता के साथ उसे स्वर्ण अलंकारों से सुशोभित करके राजोचित सत्कार के साथ, अग्नि देवता से प्रार्थना करके उसे चिता पर रखा। मंदोदरी ने चिता प्रज्वलित होने पर हाथ जोड़कर चिता की प्रदक्षिणा की। फिर भारी कदमों से अपने महल में वापस लौट आयी।

राम, लक्ष्मण, सीता हनुमान सहित मंदोदरी से मिलने आये। मंदोदरी के हाथों से श्री राम ने विभीषण के मस्तिष्क पर मुकुट रखवाया और राम ने राजतिलक किया।

इसके पश्चात मंदोदरी का नमस्कार करके लंका में नये संस्कारों से नवनिर्मित करने का आश्वासन लिया। फिर वे सभी पुष्पक पर सवार होकर, अयोध्या चले गये।

मंदोदरी अकेली होती है। सोचती है। श्रीराम के साथ दशानन का होना जरूरी है। नायक के साथ खलनायक होना भी कितना महत्त्वपूर्ण है।

खलनायक होगा तभी तो नायक होगा। राम के अयोध्या पहुँचने पर दीपावली मनायी जाती है। रावण की याद में दशहरा। इति।

* * *